까닭이 있어 신앙인가?

까닭이 있어 신앙인가?

안형주 목사 지음

대한예수교장로회(합동한신)총회

발간사

오늘 우리 손에 들려진 이 귀한 설교집 『까닭이 있어 신앙인가?』는 단지 한 편의 설교집을 넘어, 우리 교단이 지켜온 신앙의 유산이자 정체성이 담겨 있습니다. 고(故) 안형주 목사님은 평생을 신본주의와 성경무오의 신념 아래 살아오신 설교의 거목이셨습니다. 강단에서 외치시던 말씀은 늘 불같았고, 그 속에는 하나님에 대한 절대 신뢰와 교회를 향한 사랑이 생생하게 살아 숨쉬고 있었습니다. 그분의 설교는 지식의 전달을 넘어 청중의 심령을 깨우는 회개의 불꽃 자체였습니다.

이 설교집은 안 목사님 생전, 강단에서 외치신 복음의 진수들이며, 고난과 핍박을 오직 믿음으로 헤쳐오시면서, 그 어떤 난해한 질문 앞에서도 주저함 없이 명쾌하게 선포하셨던 신앙의 본을 오늘 우리에게 전달해 주고 계십니다. 본 설교집에 수록된 『까닭이 있어 신앙인가?』는 욥기를 중심으로 한 고난의 해석에 그치지 않고, 참된 신앙이란 무엇인가를 묻는 시대적 요청에 대한 선지자적인 응답이라 할 것입니다. 안 목사님의 신앙은 하나님 그분 자체를 경외하는 절대 신앙이었고, 이는 오늘날 설교자들과 평신도들이 잃어버린 본질을 회복하는 데 커다란 길잡이가 될 것입니다.

총회는 고 안형주 목사님의 설교가 단지 과거의 유산으로 남지 않고 현 신앙과 생활에 적용되기를 바라는 마음으로 출판하였습니다. 이는 우리 총회뿐 아니라 한국교회의 경사요, 은총이 아닐 수 없습니다. 이 귀한 설교집이 자유주의와 인본주의로 흔들리는 한국교회와 신학계, 그리고 목회 현장에 하나님 중심, 성경 중심, 교회 중심의 신앙과 신학을 회복하는 데 크게 기여하게 될 것을 확신합니다.

끝으로 이 귀한 책의 출판을 위해 수고하신 모든 분께 감사의 마음을 전합니다. 호남노회 원로목사회에서 100만원을 출판후원금으로 보내주셨고, 원고를 스캔하여 편집하는 수고를 아끼지 않은 서재희목사님의 노고를 치하하며, 특별히 젊은 세대가 읽기에는 다소 버겁고 어렵게 느껴질 수밖에 없는 고어체를 현대어로, 어려운 한문을 상세히 풀어 이해하기 쉽게 감수를 담당해 주신 연구원장 박종만목사님께 감사드립니다. 이 옥고(玉稿)가 고난의 밤을 지나고 있는 한국의 그리스도인들에게 하나님을 향한 신앙의 깊이가 더해지며, 그 지평이 넓어지는 계기가 되기를 바라마지않습니다. 본서를 하나님께 바칩니다.

2025. 8. 6
대한예수교장로회(합동한신) 총회
총회장 이향우 목사

기념사

우리 교단의 사부(師傅)이신 안형주목사님의 설교집 『까닭이 있어 신앙인가?』를 출판하는 일은 총회 역사에 기념이 될만한 일입니다.

지난 85차 총회에서 우리 교단의 정체성을 천명하는 안형주목사님의 조직신학을 출판하였습니다. 신학은 모든 학문의 여왕이고 조직신학은 여왕이 쓴 면류관이라 하는데 설교는 그 면류관 중앙에 박힌 보석이라 합니다. 바른 신학에 더해 바른 신앙을 세우는 일은 실로 교회의 표지, 말씀 선포로 이루어집니다. 그런 의미에서 이번 89차 총회에서 사장(死藏)되어진 안형주목사님의 설교집을 출간하게 된 것은 감추인 보화를 드러내는 경사스러운 일입니다.

안형주목사님의 설교는 참으로 하나님 중심의 설교(Theocentric Preaching)요, 그리스도 중심적 설교(Christocentric Preaching)입니다. 신앙을 실리주의의 관점으로 한정 지으며, "까닭이 없이 하나님을 경외하리이까"라는 사탄의 참소 앞에 "우리가 하나님께 복을 받았으니 재앙을 받는 것도 어찜 당연하지 않겠느냐"는 욥의 응수는 우리 신앙 안에 만연해 있는 기복주의를 철저히 깨뜨리는 쾌거로서, "까닭이 있어야만 신앙하는 것은 아니다."로 우리를 신앙의 당위로 이끌어 주고 있습니다. 이처럼 신앙이란 "하나님에게 대한 절대신뢰"임을 선포하고, "하나님의 경륜으로서의 예수 십자가"에서는 "우리가 예수의 십자가 신앙에서 하나님의 사랑이 우리에게 임하는 것을 깨닫게 되어 곧 우주의 중심을 붙잡는 것이 되고 우주의 심오한 비밀을 엿보는 것이 된다. 그래서 십자가 신앙은 하나님의 본질적인 생명이 우리에게 주어진 바 되는 것이다."라는 그리스도 중심적 선포는 "까닭이 있어 신앙인가"에 대한 도전 앞에 까닭이 없어도 하나님이, 그리스도가 우리 신앙의 까닭이라는 케리그마(Kerygma), 선포입니다.

이번 안형주 목사님의 설교집 출간은 단순한 설교차원을 넘어 하나님의 권위적 선포로서의 케리그마(Kerygma)를 회복하는 기회가 되는 기념비적인 일입니다.

부디 사도들의 전승과 개혁주의 신앙에 충실하였던 목사님의 설교 속에 담긴 복음의 진수, 성령의 감동으로 계시 의존 사색의 깊은 우물에서 길러낸 진리의 생수를 통해 목마른 우리의 신앙과 목회 현장이 시원하게 적셔져 힘찬 생명의 약동(躍動)이 있기를 기원합니다.

2025. 8. 6
대한예수교장로회(합동한신) 유지재단
이사장 맹균학 목사

목 차

발 간 사 ··· 4
기 념 사 ··· 6
1. 나의 행복은 하나님 ································· 11
2. 회개(내촌감삼의 말에 참고하여) ·············· 22
3. 고난받으신 예수 그리스도(수난절 설교) ····· 29
4. 하나님의 경륜으로서의 예수 십자가 ········· 36
5. 나는 안다. ·· 43
6. 우리의 소유 ·· 54
7. 까닭이 있어 신앙인가 ······························· 61
8. 그는 이렇게 사셨다(청년회 헌신 예배) ······ 68
9. 거룩한 밤 고요한 밤(성탄 축하) ··············· 76
10. 예수는 살아나셨다(부활절 설교) ············· 82
11. 건전한 신앙 ·· 92
12. 최상의 축복 ·· 99
13. 자연에의 배움 ·· 111
14. 주님을 위하는 것이라면 ························· 120
15. 예수 그리스도에게서 보이는 광명 ·········· 126

16. 예수 십자가에 보이는 하나님 ················· 135
17. 참 예수 ··· 143
18. 우리 어머니(어머니 주일) ······················ 153
19. 새사람의 생활 ······································· 162
20. 믿음으로 살리라 ···································· 171
21. 인생을 귀하게 여기신 예수 ···················· 179
22. 하나님의 향연 ······································· 186
23. 하나님의 성덕 ······································· 189
24. 아버지이신 하나님 ································· 196
25. 심령의 축복 ·· 204
26. 예수 십자가에서 보이는 하나님(수난절 설교) ········ 212
27. "남은 떡 조각" ······································ 219
28. 하나님만을 하나님으로 하여라 ··············· 222
29. 故 김성실 목사 유해 영결식에서 ············· 228
30. 하나님의 교회란? ·································· 233
31. 훈사 요초집 ·· 240

1

나의 행복은 하나님

본문: 시편 16:1-11

　이 시는 다윗이 압살롬의 반란을 만나 망명하던 때의 일을 회상하면서 지은 시로 알려져 있다. 창졸간(倉卒間: 미처 어찌할 수 없이 매우 급작스러운 사이)에 당한 일이어서 왕궁도 왕좌도 모두 빼앗겼고, 겨우 종졸(從卒: 따라다니며 시중드는 사람) 몇 사람과 더불어 한 치 앞을 알 수 없는 길에 오른 것이다. 사무엘서의 기록을 보면 "다윗이 감람산 길로 올라갈 때 머리를 가리고 맨발로 울며 행하였다"라고 했다(삼하 15:30). 사울의 친족인 시므이는 다윗의 일행에게 돌을 던지며 저주하는 모욕을 하기도 하였다(삼하 16:5-8). 다윗은 평소 눈에 보기에 아름답고, 귀에 듣기에 좋고, 마음에 즐거웠던 때가 분명 있었을 것이나 비참한 현실 속에서는 그 모든 것은 도리어 슬픔을 더하는 것이 되고 말았을 것이다. 세상만사는 한마당의 꿈이 아니면 한 폭의 그림자인 것을 그가 깨닫게 하였을 것이다. 이 같은 사면초가 속에서 "내가 여호와께 아뢰되 주는 나의 주님이시오니 주밖에 나의 복이 없다 하였나이다." 하였다. 즉 자기의 진정한 행복은 하나님뿐이라는 말이다. 하나님이 저의 행복이라는 뜻을 이 시의 전편에서 찾아보면,

1) 하나님은 자기의 기업이 되어계심

기업은 이스라엘 12지파가 가나안 땅에 들어가서 그 땅을 분배하여 기업으로 삼았던 것이 생각난다. 즉, 그들은 그것으로 자신들의 생활의 근거지로 삼았던 것이다. 이처럼 다윗은 토지가 기업이 되었거나 공장이 생활의 근거지가 된 것이 아니라 하나님이 기업이 되셨고, 하나님이 생의 근거가 되셨다는 말이다. 그것은 누가 그렇게 정하여 준 것이 아니라 하나님께서 그렇게 정하셨다는 것이다. 그러므로 더욱 의의 있는 일이 된 것이다. 마치 옛날 족장 시대에 족장이 부족들에게 토지를 분배하여 줄 때 제일로 사랑하는 부족에게는 측량하는 줄로 띄워 제일 좋은 부분으로 나누어 몫을 지어주는 것처럼, 하나님으로 다윗의 기업이 되도록 정한 것은 하나님 자신이 다윗을 사랑하시어 세계에서 제

일 귀하고 신령한 부분인 하나님 자신으로 다윗의 몫이 되게 정하신 것이다. "내게 줄로 재어준 구역은 아름다운 곳에 있음이여 나의 기업이 실로 아름답도다"

다윗은 이 하나님이 자신의 생의 근거요, 모든 것의 모든 것이어서 다른 모든 것 보다 자기의 몫으로 주어진 하나님이 참으로 자기의 복이 되는 줄을 깨달았다. 자기에게 있는 다른 모든 것은 무너져도 하나님만 떠나지 아니하면 저는 만족하게 여겼을 것이다. 하나님이 함께 계시면 모든 것이 다 있는 것이 되지만 하나님이 계시지 않다면 모든 것이 있어도 공허인 것을 깨달은 것이다. 후일 다윗이 평정을 되찾고 왕위를 회복하게 되었던 것은 전적인 하나님의 도우심으로 가능하였다.

압살롬은 왕도를 차지하고 일시적으로 나라를 가졌으나 하나님이 압살롬의 마음을 어둡게 하시어 아히도벨을 통하여 일에 대한 방책을 제공받지 못하게 하시니 다윗을 추격하는 기회를 놓쳐버리게 된 것이다. 말하자면 압살롬은 하나님 없는 궁성과 왕좌와 그리고 다윗의 처첩만 차지한 꼴이 되었다. 그야말로 압살롬은 알맹이 아닌 그림자만 쥐고 있었던 셈이 된 것이다.

반면 다윗은 적수단신(赤手單身: 재산이나 의지할만한 곳이 없는 맨몸뚱아리)에 불과하였으나 그러나 저에게는 보이지 않는 하나님이 함께하여 주셨다. 압살롬과 다윗이 서로 다른 점은 바로 여기에 있다. 하나님께서 왕위를 회복하여 주셨다고 다윗이 자신 있게 고백한 것을 보아서도 충분히 알 수 있다(삼하 17:14 참조).

 영국의 청교도들이 똑같이 메이플라워호를 타고 신대륙을 찾았지만 그중 일부는 돈을 벌기 위해 멕시코로 갔고, 일부는 하나님을 섬겨 보려는 신앙의 자유를 찾아 아메리카 대륙으로 이동했다고 한다. 그러나 돈을 벌기 위해 간 사람들과 하나님을 예배하기 위해 간 사람들을 오늘에 와서 비교하여 보면 양자 사이에 크게 차이가 있는 것을 알 것이다. 재물 안에는 하나님이 계시지 않지만, 하나님 안에는 재물도 영광도 다 있는 것이다. 위에서도 언급한 바 있지만 하나님께서 다윗을 사랑하시어 자신을 다윗의 기업으로 주셔서 복이 되게 하신 것처럼, 우리에게도 자신을 주시어 우리의 복이 되게 하신 것이다. 육신에 속한 것, 세상에 속한 것들은 없어도 좋고, 있으면 더욱 좋은 정도이지만 하나님을 우리에게 주시어서 영구하고 진실하게 우리의 모든 것의 모든 것이 되게 하신 것은 커다란 복이 아닐 수 없다.

2) 하나님은 빛이 되셨다.

　사람은 어둠에 빠지기 쉽다. 이권에 눈이 가리어지고, 악감정이 돋치게 되면 의도한 바는 아니나 자신도 모르는 사이에 이성이 흐려지고 마비가 된다. 자기의 마음을 다스리는 자는 성을 빼앗는 자 보다 나으리라고 잠언서(16:32) 기자가 말한 것은 이 경우에 대한 답일 것이다. 이태조는 나라를 차지한 용장(勇將: 용맹스런 장수)이었지만 자기 속에 열화(熱火)같이 타오르는 분노를 다스리지 못하여 함흥에서 돌아오는 길에 영접 나온 자신의 아들 태종을 활로 쏘아 버린 것이다. 큰 도리란 내 마음이라고 했던 왕양명(王陽明)[1] 이 말하기를 산적이파(山賊易破), 심적난공(心賊難功)이라 했는데, 이는 산속의 도적은 물리치기 쉬워도, 자신의 마음 속에 도사리고 있는 적은 물리치기 어렵다는 말이 그 말이다. 외부의 문제는 다스릴 수 있다고 할 것이나 마음속의 문제는 자기의 지능으로나 더구나 혈기 용맹으로는 어찌하지 못하는 것이다. 마음을 다스리는 문제만큼은 자기 이외의 종교가 가능한 영역이다.

　즉, 사람의 마음을 창조하신 하나님만이 영의 능력으로 마음 안의 야욕도, 악감정도 소멸하시고, 마음을 순화시켜

---

[1] 왕수인, 중국 명나라 중기의 철학자이자 정치가. 양명학의 창시자이다.

주심으로 인간은 어두움에서 벗어나, 광명에 속한 낮의 아들이 되는 것이다. 다윗이야말로 이러한 하나님의 은혜를 받아 마음이 새로워진 인물이다. 저는 그 반역자 압살롬에게 나라도, 왕좌도, 처첩도 다 빼앗겼고 생명까지도 위협을 받는 상황이 된 것이다. 그런 억울한 일을 당하였어도 압살롬에 대한 원한과 증오심(憎惡心: 심히 미워하는 마음)이 다윗의 마음을 흐리게 하지 못하였다. 그의 마음은 압살롬과 상대적이라기보다 하나님을 철저히 경외하는 믿음을 갖고 있었기에 하나님으로부터 주어진 천성적인 성품이 된 것이다.

다윗의 삶 속에서 이러한 성품을 찾아본다면 그의 군대가 압살롬과 최후 결전하기 위하여 출병(出兵: 군대를 싸움터에 내보냄)하는 때에 다윗은 장병들에게 "압살롬을 너그러이 대접하라"고 당부하였던 일과 전시 상황을 보고하러 온 연락병에게도 "소년 압살롬이 잘있느냐?"고 번번이 그 안부를 물었던 바가 이를 잘 증명하고 있다고 볼 수 있다. 그러다가 압살롬이 죽었다는 소식을 접한 후에는 장병들이 도리어 무색할 정도로 애통하였다(삼하 18:33).

반역자에게 이같이 하였던 것은 저의 성스러운 사랑이었다. 저에게는 남의 악을 기억하는 일이 없고 원한을 품는 일이 없는 "비둘기같이 순결한" 마음이었다. 또 혹자들이 생각할 때 그것은 압살롬과의 관계가 부자 관계이기에 그럴 수 있다고 생각할 수 있을 것이다.

그러나 저는 다른 사람에게도 그렇게 하였다. 다윗의 생애 초기의 일이지만 초대 왕 사울은 다윗을 자기의 왕위를 찬탈할 위험인물로 보아 살의를 품고 정예부대 삼천을 이끌고 다윗을 수색하는 중 뒤가 급하여 엔게디 굴속에 들어갔었다. 그때 다윗은 그 굴속에 숨어있었는데 다윗의 부하들은 사울을 죽일 기회가 왔다고 생각하였으나 다윗은 허락하지 아니하고 가만히 사울의 겉옷 자락만 베었다. 그것마저도 나중에는 양심의 가책을 느끼며 마음에 찔림이 되었다고 회고하였다(삼상 24:25). 그 후에 하길라산에서도 사울을 처리할 기회가 주어졌으나 다윗은 깊이 잠든 사울의 머리 곁에 있는 창과 물병만 가지고 올뿐이었다(삼상 26:1-16).

이처럼 사울은 다윗을 죽이려 하였으나 다윗은 사울을 공경하고 사랑하였으며, 압살롬은 다윗을 해하려 하였으나 다윗은 그 압살롬을 아끼고 사랑하였다. 원수를 맺지 아니하는 일도 훌륭하지만 원수까지도 사랑하는 일은 더욱 위대하였다.

사람들은 다윗을 정략가요, 정치가로만 알고 있다. 그런 정략가인 사람의 마음속에 이러한 봄바람 같은 화평한 마음이 깃들어 있을 줄을 감히 어느 누가 상상이나 할 수 있었을까? 저는 과연 신령한 마음을 소유한 사람이었다. 저는 고백하기를 "나를 훈계하신 여호와를 송축할 것이다. 밤마다 내 심장이 나를 교훈하도다"(:7, 8)라고 하였다. "죄 중에서 출생"하였다고 하는 그 자신의 고백과 같이 선천적 죄인 원죄를 다윗은 인정하고 있는 것이다. 그러나 하나님은 밤마다 다윗에게 사귐과 교훈, 그리고 감화를 주셨다. 다윗은 그런 은혜를 받아 마음이 새로워져서 악에서 벗어나 거룩한 심령이 이루어졌고, 썩음에서 벗어나 생명에 이르게 된 것이다. 저의 증거 하는 말과 같이 "내 영혼을 음부에 버리지 아니하며 주의 거룩한 자로 썩지 않게 하실 것임이라"(:10)고 하였으며, 이것이 하나님께서 저에게 주시는 또 다른 복이기도 하다.

3) 하나님은 저의 힘이 되어 주셨다.

사람은 어두울 뿐만 아니라 또한 약한 것이 사실이다. 우리 주님께서도 바람에 흔들리는 갈대를 말씀하셨는데 사람은 환경에 따라 흔들리기 쉽다. 환경이 안정되면 마음도 안정되고, 환경이 불안하면 마음도 불안한 것이다. 그래서 사람들은 어떻게 하든지 좋은 환경을 염원하고 또 그렇게 조성하려고 노력하는 것이다. 그것이 충족하게 되면 안정감, 행복감을 가지게 된다.

우리는 여기에서 망명 중에 있는 다윗의 당시 상황을 감안하여 본다면 그의 마음이 얼마나 불안했을 것인가를 충분히 상상할 수 있다. 그는 현재 흥이냐, 망이냐, 죽느냐, 사느냐와 같은 위기일발의 시점에 놓여 있었던 것이다.

다윗의 일생에 불안한 일로 마음의 평형이 가장 흔들리는 시기가 있었다면, 그것은 정히 나라를 잃어버리고 몸 둘 곳 없이 방황 중인 이때일 것이다.

그러나 저는 외인들이 생각하는 것과는 달리 도리어 평정심을 유지하고 있었다. "내가 여호와를 항상 내 앞에 모심이여 그가 내 우편에 계시므로 내가 동요치 아니하리로다. 이러므로 내 마음이 기쁘고 나의 영도 즐거워하며 내 육체도 안전히 거하리니"(:8, 9)라는 고백을 하고 있다.

예루살렘 성 중에는 이때야말로 소란의 극(極)에 있어 물이 팔팔 끓듯 어지러웠을 것이다. 화광(火光)은 충천하고, 함성은 땅이 꺼질 듯이 진동하고, 압살롬의 병마 부대의 서리 빛나는 창검은 보는 자마다 낙담상혼(落膽喪魂 : 몹시 놀라 정신이 없는 상태)치 않을 수 없는 무시무시한 정황이었을 것이다. 그러나 그런 현실에서도 다윗은 인류의 역사를 지배하시는 살아계시는 하나님을 의지하였다. 저의 마음이 동요되지 아니하고 안정되었을 뿐만 아니라 즐거웠다고,

또 육체도 안정감을 가졌다는 것이다. 저자 압살롬의 난을 피하면서 지은 것으로 또 하나의 시가 있으니 "여호와여 주는 나의 피할 방패시요 나의 영광이요 나의 머리를 드시는 자시니 내가 목소리로 여호와께 부르짖으니 그 성산에서 응답하시는도다."(시 3:1-8) 하였다.

굳센 믿음은 자기 사정에 기인하여 나오는 것이 아니라 절대자와의 관계 속에서 옴을 알아야 할 것이다. 그래서 절망의 세계에서도 희망이 나오고, 암흑의 환경 속에서도 광명을 가지게 되는 것이다. 일곱 번 넘어져도 새 힘을 얻을 수 있다(잠 24:16). 그야말로 여호와를 앙망하는 자는 새 힘을 얻으리니 독수리의 날개 치며 올라감 같게 되는 것이다.

열악하고 불안한 환경 속에서도 하나님을 힘입어 용기를 얻고 평안을 누린 사람들은 성경 속에 얼마든지 있을 것인데 그중 다섯 왕의 연합군을 파하고 자기의 조카를 구출한 후 그들이 다시 권토중래(捲土重來: 어떤 일에 실패한 후 다시 힘을 길러 일어서는 것)하는 반격을 하지 않을까? 하는 불안한 중에서도 "하나님은 자기의 방패요 지극히 큰 상이라" 믿어(창 15:1) 평안을 얻은 신앙의 조상 아브라함을 비롯하여, 큰 환란을 당하였고, 또 이해심 없는 세 친구의 집중 공격을 받으면서도 "구속자가 살아계시니 후일에 그가 이 땅 위에 서실 것이라…."며, 하나님을 자기 보증자로 얻어 승리의 마음을 가진 욥이며(욥 19:25-27), 전 국민이 자기의 외치는 하나님의 진리에 대하여 반대하고 반대하고 공격을 받는 중에서도 단독자로 쇠기둥의 성벽(城壁)인 양 의연한 예레미야(렘 1:18)와 "나를 능하게 하는 자 안에서 내가 능치 못할 것이 없다"라는 바울과 그 이외에 이루 다 헤아릴 수 없는 신앙의 용자들이 있을 것인데 다윗도 그들과 대오를 함께한 위대한 신앙의 인물 중의 하나였었다.

많은 사람이 부귀나 장수나 지식 등을 행복이라 하는데 다윗은 신령한 눈이 뜨여져서 세상에 속한 것들을 복이라 하지 않고 하나님을 복으로 보았다. 하나님으로 말미암아 저의 생이 안전하여졌고, 하나님으로 말미암아 저의 마음이 밝아지고 품성이 거룩함에 이르렀고, 하나님으로 말미암아 힘을 얻어 평화를 누리게 되었다. 이러한 신앙이 오늘 우리의 신앙이 되어야 할 것이다.

2

회개

(내촌감삼의[2] 저술을 참고하여)

본문: 마태복음 4:17

우리 주님께서 공생애 접어드시면서 외치신 일성(一聲: 처음 외치신 음성)은 회개를 촉구하시는 것이었다. 그리스도교에서는 특히 회개를 강조한다. 그것은 주님의 교훈이요, 또한 구원에 이르는 첫걸음이기도 한 중요한 신앙 과정인 까닭이다.

그런데 그리스도교에서 말하는 회개의 의미는 실로 심오(深奧: 아주 깊이가 있는)한 것이다. 일반인들이 생각하는 것

---

2) 우찌무라 간조, 일본의 기독교 사상가

과 같은 얕은 것이 아니라 무한 심오한 내용을 가지고 있다. 말하자면 회개는 흔히 쉽게 여기는 옛 생활을 청산하고 새 생애에 들어가려는 욕구를 일으키는 것이나, 또는 이전의 잘못을 회한(悔恨: 뉘우치고 한탄함)하는 것 같은 그런 것이 아니다. 이 같은 도덕적인 매개도 물론 필요하지만, 그러나 성서, 특히 신약에서 말하는 회개의 의미에 비추어 볼 때에 너무나 부족하다.

　이러한 도덕적인 회개는 구원이라는 숭고하고 중대한 문제 앞에서는 그 효과가 어떠할지 의문이다. 그리스도교에서 사람을 구원하는 데 있어 이같이 천박하고 미약한 길로 말미암아 할 것인가. 전혀 아니다. 그것은 "내 백성의 상처를 심상히 고쳐주며 말하기를 평강하다. 평강하다 말하나 평강이 없도다"(렘 6:14)라고 예레미야 선지자가 오래전부터 벌써 한 말이다. 구원에 이르는 회개는 심상히 생각해서는 안 된다. 도덕적인 것 그 이상으로 심절(深切: 심각하고 절실함)하지 않으면 안 된다. 그러면 성서의 회개, 즉 "메타노이아(μετάνοια)"라는 말은 어떤 내용을 가진 말인가, 그것은 이전의 죄를 회개한다든지, 새 생활에 들어갈 욕망을 일으키는 데 그치는 것이 아니라 자기의 전적인 전환, 자기 의지의 전환, 자기 의지의 근본적 개혁이다. 또한 인생의 해석이다. 여기에 대하여 성서는 여러 가지로 말하였

으니 몇 가지로 생각한다면,

1) "자기를 부인하고 십자가를 지고 나를 쫓으라."(마 16:24)

성서에 따른 회개는 행위를 고치거나 품성을 개혁하는 것만 아니라 자기를 전적 부정하라는 주님의 말씀이다. 자기를 부인한다는 것은 자기를 버리는 것, 다시 말하여 자기가 없는 자가 되라는 뜻이다. 사람은 죄를 범한 것이 아니다. 곧 죄 중에서 난 자이다. "갈매기는 날마다 목욕하지 아니하여도 검어지지 아니하고, 까마귀는 날마다 목욕을 하여도 하얘지지 아니한다." 까마귀는 생래적으로 검게 태어났기 때문에 아무리 목욕을 해도 검은 색이 하얗게 바뀌지 않는다. 마찬가지로 사람도 생래적으로 죄 중에서 태어났다. 죄 중에서 출생하였고 "모친이 죄 중에서 잉태하였다."(시 51:5). 고로 어쩌다가 우연히 실수 되어 도덕적으로 한두 가지를 범한 것이 아니라 죄는 사람의 고유성이다. 사람은 죄성이 있는 존재이다. 이러한 사람이 자기의 행위로 저질러 범한 이런 죄, 저런 죄를 몇 가지 회개한다고 하여서 죄가 제거 될 것인가, 아니라, 자기를 통째로 부인하여 버리지 아니하고서는 죄악의 문제는 해결되지 않는다. 주님 말씀하신바 자기를 부인하라는 것은 자기본위, 자기중심의 정신을 버리라는 의미로 해석할 수 있는 말씀도 되지만 자기 자신이 죄 중에서 출생한 죄인인 것을 인정하여 자기로서는 구원받을 수 없는 가련한 자인 것을 깨달아 자기 없는 데까지 자기를 버리고, 하나님께서 새로이 개조하여 주시기를 구할 일이다. 이렇게 되어 참 회개는 육으로 난 자가 영으로 개조되는 재창조에 이르게 된다. 땅에 속한 자가 하늘에 속한 자로, 육에 속한 자가 영에 속한 자로, 멸망할 자가 영생할 자로, 창조된다. 그렇게 할 때 자기 십자가를 지고 예수를 쫓을 힘이 생긴다.

2) "너희가 서로 거짓말을 말라 옛사람과 그 행위를 벗어 버리고 새사람을 입었으니 이는 자기를 조성한 이의 형상을 쫓아 지식에까지 새롭게 하심을 받은 자니라"(골 3:9-10)

여기에 새사람, 옛사람이란 말이 있는데 다만 비교적인 변화를 말하는 것은 아니다. 말하자면 옛것인 내가 회개하여 새것인 내가 되어졌다는 것이 아니다. 이렇게 볼 수 있기는 하지만 이것은 이 세상 도덕가들이 하는 말이다. 옛것인 내가 변화하여 새것인 내가 되었다는 것도 좋은 일이지만, 그리스도교에서는 이러한 정도의 회개에 만족하지 아니한다. 여기에 옛사람이란 것은 물론 "자아", "자기"이다. 그러나 새사람이라는 것은 그리스도이다. "나"라는 것은 지적(地的: 땅에 속한)이다. 그리스도는 하나님의 아들로서 하늘에서 내려온 자로서 천적(天的: 하늘에 속한)이시다. 나는 타고난 죄인인 것을 시인하고, 자기를 버리고 자기에게 죽고, 그리스도를 내 속에 모시어 들여서 그가 나를 대신하여 살아계시게 하는 일이다. 새사람이라는 것은 나를 고친 것이 아니라, 나 이외에 거룩한 자를 입는 것이다. 그렇지 아니하고는 나는 아무리 회개한대도 옛적 죄의 나, 그대로이다. 지적(地的)인 것이 계속이다. 나는 자기에게서 죽고, 나 이외의 거룩한 자, 즉 새사람인 그리스도를 모시어 들여 저로 나의 안에 거하시게 하여서 나의 주인공이 되게 하는 것이다. 회개는 자기 개량이 아니라 자기를 명도(明渡, Eviction: 부동산에서 점유자가 점유를 해제하고 소유자에게 공간을 넘겨주는 행위)하는 것으로서 주인이 바뀌는 일이다. 나의 영이 예수님으로 옷을 갈아입는 것이다. 하나님의 아들 그리스도께서 내 마음의 성전에 내주하시어 나의 주님이 되는 것이다.

3) "그런즉 누구든지 그리스도 안에 있으면 새로운 피조물이라 이전 것은 지나갔으니 보라 새것이 되었도다"(고후 5:17)

이 말은 회개가 무엇인지를 밝히는 동시에 그 결과가 어떠하다는 것을 말하고 있다. 회개는 새로운 창조의 단계이다. 즉 우리에게 있어 영적 조화가 새로이 행하여지는 것이다. 여기에는 하늘에서 새로운 동력이 임하여 새 생명으로, 우리의 속에 하나님의 사람이란 새사람이 생기는 것이다. 그 결과로 우리에게 이전 것은 다 지나가고 만사는 새롭게 되는 것이다.

인생은 전적으로 새 의미를 가지게 된다. 그리고 또 사물을 관찰함에 있어서도 그 가치관까지도 뒤집혀서 오늘에까지 귀하다고 생각하여지는 것이 천하게 보이고(빌 3:8 참조), 천하다고 생각하던 것이 귀하게 보인다(빌 3:9-10 참조).

하나님께 반항하고 거역하는 인간 세상의 가치도 전적으로 잃어버려지게 되고, 부와 귀와 명예와 세상 권세가 자기에게 와도 흡인력이 없어지고 만다. 이것이 실로 회개, "메타노이아"이다. 의사의 전환이요, 의식의 근본적 변경이다. 행위는 물론, 사상이나 취미나 기호성(嗜好性: 즐기고 좋아하는 성질이나 특성)이나 의지조차도 일순간 변화되는 것이다. 신생(新生: 새로운 생명)이란 말을 하지만, 사실에 있어 이 한 말로 모든 것을 표현하기에는 너무나 부족하다.

이렇게 그리스도교가 가르치는 회개는 전에 잘못된 것을 뉘우친다는 것도 아니요, 새 생활을 결심한다는 것도 아니요, 궁극에 있어서는 그리스도와 깊은 관련을 맺는 것이다.

진정한 신앙에 이르는 것이다. 즉 그리스도를 모시는 일이 된다. 자아 이외에 거룩하신 자, 하늘에서 오신 새사람인 그리스도를 모시어 들여서 자아로 삼아 계시게 하는 것이다. 이것만이 실제로 유효한 회개이다. 스스로 살피고 스스로 책망하기를 하루에 몇 번을 할지라도 그리스도를 쳐다보지 않고 그로 새 자아, 영혼의 깊은 전당에 모시어 들이지 않고는 진정하고도 근본적이고 철저한 회개라 할 수 없다. 그리스도를 쳐다보고 저를 나의 주님으로 모시는 것만이 새로운 피조물이 되어 죄를 근본에서부터 배척하는 것이 되고, 미워하는 것이 되고, 멸하여 버리기에 이르게 된다. 그리스도 없는 회개는 도덕적인 것은 될지 모르나 참 회개는 아닐 것이다.

개인에게도 그러하고, 사회에 있어서도 그러하고, 국가에 있어서도 그러하다. 그리스도 없이 자아의 개조, 사회의 구원이 될 수 없다. 내 자아의 가장 깊은 곳에 그리스도를 모시어라, 그리하면 개인도, 사회도 깨끗하리라.

3

고난받으신 예수 그리스도

(수난절 설교)

본문: 이사야 53:1-12

　이사야 53장은 종에 관한 시라고 불린다. 그 내용이 예수 그리스도의 생애와 가장 부합되는 까닭에 이것을 예수 그리스도에 대한 예언으로 본다. 이 성서를 토대로 하여 예수 그리스도의 고난에 대하여 생각하기로 한다.

1) 예수는 대리하신 제물이 되심

　특히 예수 그리스도에 대하여 생각할 때, 역사상 인물 중에 선한 인물들이 많기는 하였지만 예수만큼 선한 인물이 없었다. 그런데 또한 예수만큼 고난받으신 이도 없었다. 저의 일생이 그러하였다. 여우는 굴이 있어도 인자는 머리 둘 곳이 없다는 빈곤한 생활은 차치하고서라도 매 맞고, 헐벗고, 나중에는 군중이 일어나서 이 죄인을 십자가에 못 박아 죽이라고 외쳐대니 사형 판결로 십자가에서 처형되시었다. 하나님이 계시면 이런 일을 아실까, 모르실까? 천도(天道: 하늘의 길)는 과연 있는가, 없는가? 죄를 알지도 못한다는 예수에게 이럴 수도 있을까?

아니라, 하나님은 예수를 모르실 수 없을 것이다. 그의 거룩하심도 알고 계실 것이다. 예수께서 이같이 책(責: 꾸짖음) 당하심은 다른 이유가 있을 것이다. 여기에는 선한 자는 복을 받고, 악한 자는 화를 받는다는 정의 원칙에서 생각할 것이 아니라, 대속(代贖: 대신 제물을 바치고 죄를 면죄 받는 것)의 진리에서 생각할 일이다. 다시 말하자면 하나님은 선하신 예수로 이러한 고난을 받게 하신 것은 저로 말미암아 전 인류의 죄를 대속하시는 데에 있어 제물이 되게 하시어 고난받게 하신 것이다. 예수는 자기의 죄악으로 말미암아 고난받으신 것이 아니라 전 인류가 하나님께 범한 죄악을 대신하여 형벌 받으신 것이다.

야곱이 임종이 가까워 요셉의 두 아들 므낫세와 에브라임을 축복하고 하야(下野: 시골로 내려간다는 뜻으로 관직이나 정계에서 물러나 평민으로 돌아감)할 판인데, 요셉은 두 아들을 데려다가 야곱 앞에 앉히고 장자 므낫세에게 더 큰 축복을 받게 하려고 야곱의 오른손 편에 앉히고, 에브라임은 야곱의 왼손 편에 앉게 하였으나, 축복의 시간에 야곱은 양손을 X형으로 하여 오른손을 에브라임의 머리 위에, 왼손을 므낫세의 머리 위에 얹는 것이다. 요셉이 이것을 마땅치 않게 여기고, 손을 바로 얹도록 시정하려 하였을 때, 야곱은 허락지 아니하여 말하기를 "나도 안다"고 한다. 에브라임을 므낫세보다 더 큰 족속이 되게 하려는 고의적인 안수기도였던 것이다(창 48:19). 후에 그 축복기도대로 에브라임은 므낫세보다 큰 지파가 되어 이스라엘의 대표 지파가 되었다. 야곱이 알면서도 손을 X형으로 바꾼 것은 에브라임을 위한 고의적인 일이었다.

 그와 마찬가지로 하나님도 우리 죄인들과 예수에게 손을 바꾸신 것이다. 하나님이 만일 오른손을 예수에게, 왼손을 우리에게 펴셨더라면 예수는 선하신 결과로 형통하셨겠으나 우리는 죗값으로 심판을 면치 못할 것이다. 그러나 하나님이 우리를 생각하사 구원하시기 위하여 손을 바꾸신 것이다. 하나님의 손을 X형으로 하신 것이 바로 예수의 십자가이다. 예수의 고난은 정의 원칙이 아니라 속죄의 진리이다.

 그리스도교는 대속의 종교이다. "그가 찔림은 우리의 허물을 인함이요, 그가 상함은 우리의 죄악을 인함이라 그가 징계를 받음으로 우리가 평화를 누리고 그가 채찍에 맞음으로 우리가 나음을 얻었도다… 우리 무리의 죄악을 그에게 담당시켰도다"(사 53:5.6) 하나님이 손을 바꾸시는 까닭에 예수의 머리에 얹어야 할 손이 우리의 머리 위에 얹어진 것이다. 아니 죽지 않을 자는 죽으셨고, 죽어 마땅한 멸망할 자인 우리 인생들은 영생 복락을 누리게 된 것이다. 이것이 오늘 우리에게 주어진 은혜이다.

2) 소리 없는 선

이것은 십자가에 돌아가실 때 예수의 태도를 그린 말이다. "그가 곤욕을 당하여 괴로울 때도 그 입을 열지 아니하였음이여 마치 도수장으로 끌려가는 어린 양과 털 깎는 자 앞에 잠잠한 양같이 입을 열지 아니하였도다"

이 세상에는 말도 많고 소리도 많다. 자기는 무엇을 잘한다는 말, 남이 알아주지 아니한다는 불평의 소리, 남의 잘못을 책망하는 소리, 그 외에도 얼마든지 있다. 우리 예수님께서는 심문받으실 때도 침묵하시었다. 사형당하시는 그 마당에서도 침묵하시었다. 형을 집행하는 무지한 병정들에게는 상대하여 말할 것이 없겠지만 주변인들에게는 자기는 이런 사람이라고, 자기의 포부는 이렇다고 언명하실 만도 한데 예수께서는 무성무언(無声無言: 아무 소리도, 말도 없으심)의 죽음을 맞이하시었다. 그러면 저는 너무나 억울한 재판을 받아 불평하고 불만만 표출하다가 무성(無声)이었던가, 그렇다면 예수의 마음에는 흐린 구름이 떠돌고 있었을 것이다. 그것은 아니었을 것이다. 저는 성부의 뜻을 성취하는 데에 헌신의 길이니, 광명의 생활이었을 것이다. 이 순간에도 저의 태도는 헌신이요, 선의 광명이었을 것이다. 선은 어떤 때에는 불도, 피도, 물도 되지만 선의 본성은 고요함(靜)이다. 평온이다. 무성(無声)이다. 우리는 이 소리 없는 심연에서 마시며 소리 없이 눈물을 흘리면서 소리 없이 선한 예수를 따른다.

3) 하나님의 염원에 순종

하나님은 당신의 사랑하시는 자에게 고난받기를 원하셨다고 하였다. "여호와께서 그로 상함 받기를 원하셨다."고 하였다. 우리는 이것을 이상하게 여기게 될 것이다. 이것이 하나님의 생각과 사람의 생각이 다른 점이다.

우리의 생각 같아서는 하나님은 사랑이라 하셨으니, 당신의 사랑하는 자에게는 할 수 있는 대로 고난에서 면케 하여 주시는 것이 하나님의 일이실 것인데, 도리어 고난을 원하신다고 하는 것은 이해할 수 없는 일이라 할 것이다. 하나님의 생각은 그것이 아닐 것이다. 불의요, 패역이요, 항신적(抗神的:

하나님을 향한 저항)인 세상에서 하나님의 진리와 정의를 따르려면 고난을 어찌 면할 수 있을까? 하는 것이다. 하물며 인류의 죄악을 담당한 자에게 일까? 여기에서 우리는 하나님의 의지를 찾아볼 수 있으니, 우리가 평강과 안락한 생활을 하는 것보다, 하나님의 의와 사랑에 서는 것이니, 그리하다가 고난을 받더라도 하나님은 그것을 원하시는 것이다. 주님은 "이 잔을 내게서 지나가게 하소서"라고 겟세마네에서 피땀 흘리시면서 세 차례나 기도하였는데도 아무 응답조차 없었다.

어떤 때에는 "이는 내 사랑하는 아들이요, 기뻐하는 자"라면서도… 하나님은 함부로 인생을 고난에서 구출치 아니하신다.

하나님은 당신의 사랑하는 자녀에게 다만, 세상의 복락과 세상의 성공을 허락지 아니하신다. 무당 종교는 그렇지 않을 수 있다. 그러나 하나님의 원하시는 것은 우리가 정의에 굳게 서서 흔들리지도, 굴하지도 아니하고, 인애에 결단하고 행동하는 것을 원하신다. 고난에서 면제되는 것보다 사랑과 정의에 충실하기를 원하신다. 예수는 이 뜻을 자기의 생애에 살리신 것이다.

4) 하나님의 보상(:10-12)

그리스도교의 진리는 먼저 고(苦)요, 후에 낙(樂)이다. 이것이 무슨 말인가 하면, 먼저 고난받고 후에 영광 받는 것이며, 먼저 십자가요, 후에 면류관이란 말이다. 우리 주님께서 인류를 위하여 십자가상에서의 제물이 되어 돌아가시었으니, 하나님은 이제 영광으로 갚으시는 것이다.

 가) 저는 "그 씨를 보게" 되었다. 예수는 그 십자가의 속죄로 말미암아 구원 얻는 자들이 많이 있을 것을 보게되리니 이것이 무엇보다 큰 위로요, 즐거움이 되신다.

 나) "그날이 길 것"이다. 다만 선재의 하나님만 아니라 구원자로서 영광의 날이 영원하실 것이다.

 다) "존귀한 자와 함께 분깃을 얻게"된다. 이는 하나님과 함께 존귀를 누리게 되는 것을 의미함이니 이 모든 것이 저에게 주어질 보상이다.

이상으로 수난당하신 예수를 생각하였다. 저가 대속의 제물이 되시었으니, 이것을 믿어 우리는 살아야 하겠고, 저는 무성(無声)의 선(善)이었으니, 우리도 무성의 선으로 하나님에게만 상대하여야 할 것이요, 저가 순종하므로 자기의 생애에서 하나님의 뜻을 살리었으니, 우리도 세상의 행복보다 하나님을 사랑하여야 할 것이다. 우리가 지키는 고난절이 형식이 아니라 의미심장한 생명이 있기를 바란다.

4

하나님의 경륜으로서의 예수 십자가

본문: 이사야 53:1-12

　성자 예수께서는 인류의 죄를 대신 지시고 십자가에 못 박혀 돌아가셨다. 그런데 예수께서 그렇게 돌아가신 것은 하나님께서 원하시어서 된 일이다(:10). 즉 독생자로 여기에까지 이르게 하신 것은 하나님의 뜻이었던 것이다.
　우리는 여기에서 하나님이 어떤 분이신지를 알게 된다.

1) 하나님의 거룩하심이 계시

　거룩함이란 것은 분리, 즉 불의나 불결에 혼합되지 아니하고 거기에서 성별 되어 있음을 의미한다. 이 세상에는 많은 종교가 있어 저마다 죄에 대하여 경계하지 않은 것이 없다. 그러면서도 죄에 대하여 그다지 철저하고 심각하게 취급하고 있지 않다. 그것은 죄를 싫어하시는 하나님이 세우신 종교가 아니기 때문일 것이다. 그러나 하나님의 본성은 무한 거룩하시어서 불의와 불결을 용납하지 아니하시는 것은 물론이요, 거기에 대한 심판과 보복하시는 하나님이시다. 우선 세상 죄에 대하여 대속자인 예수에게 분노를 내리쏟은 것을 보라. 이것은 사람의 생각으로는 상상도 못할 정도의 일이다. 그가 죄에 대하여 얼마나 미워하시는가를 여기에서 알 수 있다. 예수는 모든 인류의 죄를 대신 지고 나오신 그야말로 죄인 아닌 죄인인데 거기에 대한 처치를 단호하게 하신다.

어느 때에는 "이는 내 사랑하는 아들이요, 기뻐하는 자라"고 말씀하셨음에도 그가 자기의 죄가 아닌 남의 죄를 대신 지고 그 앞에 나타나게 될 때 "이 잔을 나에게서 지나가게 하소서"하는 피땀 어린 기도도 물리치셨다. 그리스도의 십자가는 이제 와서 보면 하나님의 조치인데 그것으로 하나님의 거룩하심에 대한 계시가 확연하게 드러났다.

사람들이 범한 모든 죄, 즉 하나님께 대한 반항적인 것, 우상숭배, 살인, 음란, 탐욕, 거짓, 그 외의 무슨 죄이든지 인간들이 범한 모든 죄, 그나마도 "내가 죄악 중에서 출생하였음이여 모친이 죄 중에서 나를 잉태하였다"라는 그다지 무섭게도 인생의 골수에까지 멎어 들어온 깊은 부패성, "의인은 없나니 곧 하나도 없다"라는 그야말로 세계 인류에게 범람 된 보통의 죄, 이 모든 것을 미워하시고 역겨워하시는 하나님의 분노를 아낌없이 그에게 쏟은 것이다. 그러나 인간들은 이만치 하나님의 분노 대상이 되었으나 자기는 악하였다는 것을 알지 못하였던 것인데, 이제 예수의 십자가는 인류가 자기의 악이 얼마나 심하였다는 것을 알아보는 거울이 되었다. 하나님의 아들이 죽지 아니하면 속량할 수 없을 정도의 악이었던 지는 이 십자가 앞에서만 알 수 있게 되었다.

그와 동시에 또한 하나님의 절대적인 거룩하신 의가 여기에 계시가 되었다.

예수 그리스도께서 십자가를 지시고 골고다로 끌려가시는 도중에 가슴치고 슬피 울며 따라오는 군중들에게 "예루살렘 딸들아 나를 위하여 울지 말고 너와 네 자녀를 위하여 울라…… 푸른 나무에도 이같이 하거든 마른나무에는 어떻게 하리오"(눅 23:28-29) 하신 말씀을 생각할 것이다. 푸른 나무, 즉 예수 자신도 이렇게 무섭게 대하시거든 진실로 죄인에게는 그 분노하심이 얼마나 하시겠는가를 생각하여 보라 하나님의 의가 세워지는 마당에는 죄인들이 몸을 둘 곳을 얻지 못할 것이라는 말씀인 것이다. 예수의 십자가는 무서운 심판으로 하나님의 성의(聖義: 거룩한 의로움)가

인류에게 세워진 체면이다.

2) 하나님의 사랑이 계시

　동양인들은 하나님을 이치로 보았고, 희랍인들은 하나님을 지식이라 하였고, 이스라엘인은 하나님을 거룩하다 하였다. 예수 그리스도께서는 하나님은 사랑이라 하셨다. 하나님은 이치와 지식에만 그치지 아니하시고 그 이상이며, 또 하나님은 거룩하시어서 죄악에 대하여 분노하시고 심판하시는 데에만 그치지 아니하시고, 사랑을 베푸시는 하나님이시다.

　위에서 말한 것은 예수 그리스도의 십자가는 하나님의 거룩하신 의에 대한 계시라 하였지만, 그것만 아니라 예수의 십자가는 독생 성자를 희생하여 가면서 죄인들을 사랑하여 구원의 길을 마련하여 주신 사랑의 일이다. 대적하는 자를, 반항하는 자를, 불의한 자를 위하여 살 수 있는 길을 마련하여 주신 것이 예수 그리스도의 십자가이다. "우리가 아직 죄인 되었을 때에 그리스도께서 우리를 위하여 죽으심으로 하나님께서 우리에게 대한 자기의 사랑을 확증하셨다"(롬 5:8)라고 하였다. 쉽게 말하면 예수의 십자가는 죄인에 대한 하나님의 사랑 행위이다. 말씀하시기를 "나 주 여호와가 말하노라 죽는 자의 죽는 것을 내가 기뻐하지 아니하니"(겔 18:32)라고 하셨다. 우리 하나님의 눈앞에는 비록 자기의 죄의 결과라 할지라도 죽는 자의 죽음을 차마 보시지 못한다는 말이다.

우리의 가정에서도 사랑하는 자녀들이 중병으로 앓고 있는 것을 볼 때에 이것을 측은히 여기는 부모의 마음은 할 수만 있다면 부모가 대신하여 앓았으면 하는 생각이 날 때가 있을 것이다. 이와 같은 의미에서 하나님은 진실로 죄로 죽게 된 자들을 독생자로 대신한 것이 바로 예수의 십자가이다.

여기에서 우리는 하나님의 특성인 사랑의 행위를 볼 수 있게 되는 것이다. 우리가 예수를 믿는다고 하여서 세상에서 멸시받고 가정에서 버림받고, 사회에서 냉대받는 가운데 주어지는 소득이 무엇인가. 세상에서 누리는 부귀인가, 지위 명예인가. 아니라, 우리가 예수 그리스도의 십자가를 믿고 하나님의 사랑에 나아가는 것이다.

가) 이 사랑에 부딪혀서는 하나님의 영생이 주어지게 된다.

이 우주의 중심이 하나님이라면 하나님의 중심은 사랑이다. 우리가 예수의 십자가 신앙에서 하나님의 사랑이 우리에게 임하는 것을 깨닫게 되어, 곧 우주의 중심을 붙잡는 것이 되고, 우주의 심오한 비밀을 엿보는 것이 된다. 그래서 십자가 신앙은 하나님의 본질적인 영생의 생명이 우리에게 주어진 바 되는 것이다. 하나님은 곧 사랑인데 우리는 이 십자가 신앙으로 말미암아 하나님의 사랑에 부딪혀서 비로소 하나님이 어떤 분인 것을 알게 된다. 하나님은 이론으로 설명하여 알게 할 분은 아니다. 우리의 사색에서 얻어지는 분도 아니다. 그의 사랑에 부딪혀 보아서 깨달을 분이다. 십자가 신앙으로 우리가 이 사랑에 부딪혀져서 참생명의 품 안에 안기게 된다. 그러면서 이 생명이 우리의 내면에 충만하게 받아지게 된다.

나) 이 사랑은 우리의 영적 생활의 원동력(고후 5:13)

"하나님은 곧 사랑"이라 하는 것은 그는 사랑을 한다는 말이 아니라, 하나님 자신이 사랑이라는 말이다. 이 사랑은 하나님 생의 바탕이니 이 사랑에 부딪혀서 우리는 인생의 영원한 영적 생명에 대하여 방해되거나 장애를 주는 세력이 나에게서 소멸하여지는 것을 보게 된다. 찬송가 202장에 "예수 날 사랑한다고 하면 마귀가 놀라서 곧 가겠네"라는 이 깊은 신앙의 의미를 실험하게 될 것이다. 이 사랑에 부딪혀서 우리는 인생의 무거운 짐이 가볍게 되고, 고난의 쓴잔도 달게 받을 수 있게 되고, 거친 곳도 평탄하게 만들어지고, 거슬림도 순하게 만들어지게 된다. 죽음도 삶으로 만들어지고, 고난도 찬송으로 만들어지게 된다. 예수의 십자가를 통하여 이러한 위대한 하나님의 사랑에 부딪혀서 거기에서 사랑의 하나님을 모시게 된다.

우리는 인류 역사를 펴서 흥망성쇠, 파란곡절, 거기를 헤치고 빠져나가는 하나님의 인과법칙이 정확한 것을 보게 된다. 또 자연계로 눈을 돌릴 때, 하나님의 위대한 신성이 보이기도 한다.

그러나 예수 그리스도의 십자가를 통하여서는 외적이 아니라 하나님의 내적인 면이 보인다. 즉 죄에 대해서는 절대 의로우시고, 죄인에 대하여서는 절대 사랑하시는 하나님인 것이 알려진다. 인간들은 예수의 십자가 은혜를 받아서 받을 바, 최고 은혜를 받은 것이 된다.

5

나는 안다

본문: 디모데후서 1:9-14

　어떤 나라 사람들은 "멸치 대가리라도 믿으면 된다"라고 한다. 이런 말은 신앙은 순전히 주관적이라는 것을 의미하는 것이다. 신앙은 자기 혼자의 감정에 있는 것이 아니라 신앙은 그 대상을 잘 아는 토대 위에 세워진 신령한 생명이다. 우리가 때로는 신앙을 얻기 위하여 기도하는 일이 있는데 거기에 응답으로, 하나님은 무슨 소포 같은 것으로 주어지는 것이 아니라 그 사람에게 하나님을 알고, 예수 그리스도를 깨닫도록 보여주시는 것이다(마 16:16-17). 그 이외 마음속에 그 아들을 나타내어 주신다(갈 1:16). 그래서 그의 신앙은 이러한 하나님의 역사하심을 통하여 얻어지게 되는 것이다. 그래서 그 앞이 명백하고 철저할수록 신앙은 확실하여지는 것이다.

예수께서는 "영생은 곧 유일하신 참 하나님과 그 보내신 예수 그리스도를 아는 것"이라고 하셨다(요 17:3). 우리가 알기에는 바울 사도는 역대 그리스도인 중 신앙이 가장 철저하고 확실한 사람인데 그의 신앙은 어디에서일까? "나의 신뢰한 자를 내가 안다." 또 "나의 의탁한 것을 그날까지 저가 능히 지키실 것을 확신함이라" 하였는데 그곳이 저의 신앙의 토대였다. 여기에서 바울이 예수를 안다는 의미를 몇 가지 생각한다면,

1) 저는 나를 긍휼히 여기셨다.

"기쁘다 모든 사람이 받을만한 이 말이여 그리스도 예수께서 죄인을 구원하시려고 세상에 임하셨다 하였도다 죄인 중에 내가 괴수니라 그러나 내가 긍휼을 입은 까닭은 예수 그리스도께서 내게 먼저 일절 오래 참으심을 보이사 후에 주를 믿어 영생을 얻는 자들에게 본이 되게 하려 하심이라"(딤전 1:16-17)라고 하였다. 여기에서 보면 바울 자신도 보통 죄인이 아니라 죄인 중에서도 괴수라고 하였다. 이 같은 사람이 구원을 얻은 것은 예수께서 먼저 긍휼을 베푸신, 즉 오래 참음에 있다고 하였다. 바울에게 나타난 예수의 긍휼은 곧 오래 참으심으로 나타나시었다. "사랑은 오

래 참음이라"라고 저는 언명하였다(고전 13:4).

　예수를 괴롭게 한 사람 중, 바울만큼 한 사람도 별로 없을 것이다. 대체로 일반사람들의 범죄는 흔히 재물이 가난(貧)하여지든지, 또는 이성에 방탕하여 하나님의 뜻을 범하는 것이 일반적인데 바울에게는 이런 것이 아니라 저는 자기의 의를 세우기 위하여 예수님과 맞서고 대립하였던 사람이었다. 즉 하나님께서 예수 그리스도를 통하여 세계 인류를 구원하시려는 것인데 이러한 하나님의 섭리를 말살하여 버리고, 자기의 유대주의, 바리새주의를 세우려는 것이었다. 하나님의 경륜을 꺾어 버리고 조상들에게서 받은 전통, 즉 율법적인 자기의 의를 세우려는 것이었다. 하나님의 눈을 피하여 가면서 이권에 개입하고 방탕으로 기울어지는 것 보다, 하나님을 대상으로 하는 반항적인 것은 더욱 악질적일 수밖에 없다. 그것이 행동화할 때 예루살렘교회 집사 스데반을 죽이는 데 앞장섰고, 또 대제사장의 공문을 받아서 그리스도교인들을 학살하는 등, 교회 박멸을 위하여 누구보다 뛰어난 열심으로 활동을 계속하였다. 그 당시 유대 판도 안에서는 일인자였다. 누구라도 감히 그의 앞에 나설 수 없는 자이었다.

　예수에 대하여서는 죄인 중 괴수였다. 그런데 이 같은 자를 향하여 예수는 어떻게 하셨나, 하늘의 모든 권세를 가지신 예수님으로서는 이러한 바울 하나쯤이야 멸하려면 문제가 아니었을 것이다. 그렇게 하셨더라면 교회 박해는 쉽게 끝났을지 모르나 그렇게 하면 그리스도는 아니다.

사실 예수의 마음은 그게 아니시었다. 거역한다고 하여 진멸하여 버리고, 비위에 맞지 아니한다고 없이하여 버리면, 구원자 예수의 태도는 아니다. "하나님이 그 아들을 보내신 것은 세상을 심판하려 하심이 아니요, 저로 말미암아 세상을 구원받게 하려 하심이라"고 성서는 말하였다 (요 3:17). 히브리서 기자는 예수를 "믿는 도리의 사도"(히 3:1)라고 하였다. 구원하시기 위한 예수요, 심판하기 위한 예수는 아니신 것이다. 건설하자는 예수요, 파괴하자는 예수가 아니시다. 원수도 사랑하라고 가르치셨고, 또 그런 심성을 가지신 이가 바로 예수시다. 예수는 보복의 길을 취하지 아니하시고, 도리어 바울에게 긍휼의 길을 취하신 것이다. 그래서 참으신 것이다.

오래 참으실수록 상대방에게서는 도리어 멸시로 온다. 그래도 참으셨다. 얼마나 참으셨을까, 오래오래 참으셨다. 못 참으실 때까지 참으셨다. 이것을 육신의 괴로움에 비할 때에 십자가의 고통, 그것의 아픔이었을 것이다. 그래도 참으셨다. 그러다가 최후에는 예루살렘 신도들의 여러 생명이 위태하여질 순간을 당하여 다메섹 도상에서 "사울아 네가 어찌하여 나를 핍박하느냐"고 하시면서 강하게 사울의 마음에 호소를 던지신 것이다.

반역자에게 용서한다든지, 긍휼히 여긴다든지 하는 일은 실로 쓰라린 일이다. 그 쓰라림을 쓰게 여기게 되면, 참지 못할 것이다. 그러나 그것을 달게 여길 때 긍휼과 사랑이 성립되게 된다. 아- 이렇게 완악한 자에게도 이다지 참으시고 긍휼을 베푸심을 바울은 깨달았다. 그와 동시에 자기의 구원 얻은 것은 자기의 율법의 의나 선행에 기인한 것이 아니고, 자기는 죄인의 괴수인데 그래도 구원 얻게 된 것은 전혀 예수의 용서와 참으심, 그래서 그 은혜가 자기 구원의 토대인 것을 깨달았다. 시편 기자가 말한 "주의 인자는 생명보다 낫다"라고 한 말을 저는 경험하였을 것이다. 사람의 마음이 완악함을 부스러뜨리는 데에는 하나님의 두려운 보복으로 하시는 수도 있고, 아니면 은혜로 축복하여 감사함으로 그 완악한 마음이 녹게 하는 수도 있는데, 바울에게는 무한 긍휼을 주시어서 돌같이 굳은 완악한 마음을 소멸케 하신 것이다.

바울은 여기에서 그리스도 안에서의 이전 것은 지나가고 새것으로 화하여져서 도리어 그리스도의 충실한 종으로 몸을 드리기에 이르렀다. 그의 위대함이여! 바울은 또 말하기를 "후에 주를 믿어 영생을 얻는 자에게 본이 되게 하신다"

라고 하였다. 후배 된 우리에게도 주님은 이렇게 사랑하시고 긍휼히 여기시고 참으신다는 말이다. 바울의 주님은 곧 우리의 주님이다. 우리에게도 긍휼로 오래 참으신다.

2) 저는 나에게 신실하시다.

　바울은 "나의 신뢰한 자를 내가 알고, 또 나의 의탁한 것을 그날까지 저가 능히 지키실 줄 확신한다"라고 하였다. 우리 인생에는 각기 여러 가지 문제가 있을 것이다. 영의 문제, 육의 문제, 이 세상 문제, 내세 문제들이 있을 것이다. 바울에게 있어 예수에게 의탁하였다는 것은 밝혀지지 아니하였으나 아마도 큰 문제이었을 것인데, 그것을 "그날까지 능히 지키실 것을 확신"하고 있었다. 저는 자기의 무거운 짐, 어려운 문제를 예수님께 맡기고 평안한 생활을 하는 사람이 되었다.

　우리는 이 사회에서 무슨 일을 의탁하였다가 신실치 못한 사람에게 낭패를 당하여 우는 사람들을 종종 보게 된다. 답답하고 어려워서 맡기기는 하였지만 신실한 사람이 어디에 있나 말이다. 화창한 봄 날씨에 사방의 문들을 개방하고, 봄바람을 맞이하고 있는데 마침 매에게 쫓긴 참새 한 마리가 너무 다급한 나머지 열어 놓은 방안으로 날아 들어왔다. 이것을 보고 있던 할머니가 문을 철석 닫고 참새를 때려잡아 어린 손자에게 노리갯감으로 주었다. 이 참새는 살려달라고 들어간 것인데 그 방에 들어갔던 것을 후회하면서 종일 끌려다니다가 원한을 품은 채 눈을 감아버렸다. 그런데 이 세상에서는 한번 죽으면 그만이라 하는데, 이 참새에게는 죽음으로 끝나지 않았다. 그러면 또 무슨 문제가 남아있나, 할머니는 칼을 가지고 와서 배를 가르고 소금을 발라 맛있게 구어 가지고는 냠냠하고 말았다. 노리갯감으로 실컷 이용당하다가 마침내는 이 꼴이 된 것이다. 도와 달라고, 살려 달라고 들어갔다가 얼마나 원통한 결과가 되었나, 우리 사회에는 이러한 일들이 얼마든지 있다.

    바울에게, 아니 우리에게 모든 문제를 의탁 받으신 예수님은 어떠하신가, "내게 오는 자는 결단코 버리지 아니하리라"라고 하셨다.

    참새의 이야기를 하나 더 하겠다. 전도를 하러 가던 존 웨슬리와 찰스 웨슬리 형제의 가슴에 그야말로 새매에게 쫓긴 참새가 와서 붙는다. 찰스는 그 참새를 손으로 가볍게 잡고 "풍우대작 할 때와 물결 일어날 때 사랑하는 우리 주 저를 품어 주소서…. 나의 영혼 피할 곳 예수밖에 없으니 혼자 있게 마시고 위로하여 주소서 구주를 의지하옵고 도와주심 비오니 할 수 없는 죄인을 주여 보호하소서" 이 찬송(388장, 비바람이 칠 때와)을 영감으로 작사하였다고 알

5. 나는 안다. …

49

려져 있다. 우리 주님은 "수고하고 무거운 짐 진 자들아 다 내게로 오라 내가 너희를 쉬게 하리라"(마 11:28) 하셨다. 우리가 자신의 능력으로 해결 못 할 무거운 짐을 의탁하면 주님은 "…내가 행하리라 누가 막으리오"(사 43:13) 하시면서 "날마다 우리 짐을 져 주신다"(시 68:19).

　신앙이 무엇인가? 주일예배 출석이냐, 전도 사업이냐, 헌금이냐, 그 모든 것 다 좋다. 그러나 진정한 신앙이란 주님과 내적으로 관계 맺는 일이다. 바울 사도는 여기서 의탁하였다고 했는데 신앙이란 바로 이것이다. 최후 만찬 석상에서 예수께서 제자들의 발을 씻으실 때 베드로는 이것을 사절하였다. 이때 예수께서는 "내가 너를 씻지 아니하면 너와 나는 상관이 없다." 우리가 그에게 교훈의 말씀이나 받고, 교회의 규칙이나 지키는 것으로 신앙이라 한다면 그것은 그야말로 수박 겉핥기이다. 신실한 신앙일수록 내적의 결합이 있게 된다. 생사의 운명, 화복의 운명 등 문제가 중대할수록 저에게 의탁하게 되는 것이다. 우리 주님은 또 이것을 신실하게 지켜주신다.

　신실은 하나님의 본질이니 만치 이 우주는 저의 본질인 진실을 바탕으로 하여 유지 발전되고 있다.

　사람들은 사람을 잘 믿는다. 또 물건을 잘 믿고 있다. 금은을 잘 의지한다. 또 규칙이나 조직을 잘 믿는다. 이것들은 모두 눈에 보이기 때문일 것이다. 눈에 보이지 않는 것은 믿지 않으려고 한다. 바울 사도는 말하기는 눈에 보이는 것은 잠깐이요, 보이지 않는 것은 영원하다고 하였다. 사람은 신(信), 불신(不信), 현자(賢者: 지혜로운 자), 우자(愚者: 어리석은 자)를 막론하고 만져지고 보이는 것은 쉽게 믿지만, 영원한 것은 잘 보이지 않기에 믿지 않으려 한다. 바울 사도의 신앙은 그런 것이 아니라 보이지 아니한 주님께 맡기고 의탁하는 신앙, 즉 내적 결합의 신앙이었다.

3) 저는 나를 사랑하시었다.

우리는 때로는 예수님은 나 같은 자도 사랑하여 주실까 하는 의심을 하는 경우가 있다. 예수님은 선한 자, 의로운 자를 사랑하실 것은 틀림없을 것이나, 나같이 추악하고 연약한 자도 과연 사랑하여 주시는가 하는 것이다. 바울은 여기에 대하여 말하기를 "나의 의뢰한 자를 나는 안다." 그이는 우리가 "연약할 때" 위하여 죽으셨고, 우리가 "죄인 되었을 때", 또 "우리가 원수 되었을 때"도 우리를 사랑하시어 십자가에서 죽으셨다고 하였다(롬 5:6-10). 예수님은 우리의 악한 것을 기억하지 아니하신다(고전 13:5). 우리의 연약한 것, 추악한 것들이 예수의 사랑하는 마음의 발동을 방해하지 못한다. 우리의 죄와 허물도 크지만, 예수의 사랑은 더욱 한없이 크다. 태평양 중앙에다가 흐린 물 한 그릇을 쏟아부으면 그 흐렸던 것은 간곳없어지고 맑아지고 만다. 우리의 죄에 대하여도 예수님 사랑의 마음 안에서는 언제나 이렇게 맑아지게 된다(시 103:8-14 참조). 그뿐 아니라 회개하고 돌아오는 우리를 보배로 여기신다(사 43:4). "택하셨고", "함께 하시고", "의로운 손으로 붙들 것이며, 도우리라"라고 하셨다(사 41:8-14). 바울은 이 모든 은혜를 잘 알고 있었을 것이다.

사랑하신 결과에 대하여도, 예수 그리스도의 사랑은 어디에 비할 수 없으리만치 위대한 것이다. 곧 그리스도 예수님의 사랑이 누구의 마음속에든지 들어가 깨달아 지기만 하면 죽은 영혼에도 생기가 돌아오게 된다. 어머니의 사랑도 순수하고 깊다 하겠지만 죽은 아들의 모습이 돌아오게 될 수는 없을 것이다. 어떤 청상과부가 죽은 유복자의 뺨에 자기의 뺨을 대고 눈물로 죽은 아이의 뺨을 적시는 것을 본 적이 있다. 거기에는 아무리 사랑한대도 그것뿐이다. 거기에서 더 할 수 있는 일이 없다.

그러나 예수 그리스도의 십자가 사랑은 누구의 영혼에든지 들어가기만 하면 죄로 죽었던 자의 신령한 생명이 다시 돌아오게 된다. 우울함에 눌렸던 영혼도, 고민과 절망에 빠졌던 영혼도 힘을 얻어 살아나게 되고, 희망에 넘치게 된다. 우리가 볼 때에 바울은 인간적으로 크게 불행한 사람이라 할 것이다.

그러나 그 생활이나 그 활동이 무한 활기를 띈 것으로 보인다. 그가 그러한 활기 있는 생활을 한 원동력은 그리스도 사랑의 권면에 있다고 자기는 고백하였다(고후 5:14-15). 바울은 자기는 잊어 버리고 주님 복음을 위하여 교회를 위하여 무한한 고생을 모두 받으면서(고후 11:23-33) 그래도 거기에 충성을 다한 것은 이 사랑의 면려(勉勵: 타인을 권면하고 격려하는 일)를 받은 결과라 할 것이다. 예수님이 말씀하신 대로 그 속에서 생수가 솟아 넘쳐 갈함이 없는 생활이었다. 역대로 예수에 대한 충분한 이해자는 바울 사도일 것이다.

이상으로 생각하여 보면 바울은 자기를 긍휼히 여기고, 자기의 의탁한 일에 신실한 자를 만났다. 또 저는 자기를 사랑하는 자를 얻었다. 저는 인생의 반석을 얻었던 사람이었다. 저는 이렇게 주님을 알았고, 경험하였다. 이것이 저의 신앙이요, 힘이었다. 그래서 저는 안전의 인생, 힘의 인생, 평안의 인생, 승리의 인생이 되었다. "자랑하는 자는 주님으로 자랑하리라", "이 아가야 지방에서 나의 자랑을 막을 자 없다"라고… 아! 바울의 인생이 행복함이여!

6

우리의 소유

본문: 디모데전서 1:19, 6:3-10

우리가 그리스도교를 믿어 소득이 무엇이며, 소유라고 할 것은 무엇인가? 도리어 부모에게 불효한다고 악평을 듣고, 가족에게 버림받고, 정부에게는 협력하지 아니한다고 미움 받고, 진리를 찾는다고 하여 친구에게는 경원시 되는 경우가 많다. 세상의 영달은 오지 아니하고 궁핍한 중에서 일생을 보내지 않으면 안 되게 되었다. 이런 것을 생각하면 신앙생활 하는 자체가 허망하게 느껴진다. 예레미야 선지자가 탄식한 "주 여호와여 주께서 나를 속이심으로 내가 그 속이심을 받았다"(렘 20:7)라는 말이 동감이 갈 때가 있다.

그러나 그것은 아니다. 우리가 그리스도교를 믿음으로 가장 좋고, 가장 훌륭한 것을 얻은 것이 있다. 인생이 세상에서 영광이라고 생각하는 권력과 물질 등 그러한 껍데기의 류가 아니라 심령에 대한 은혜, 곧 인생의 알맹이를 얻었으니,

1) 선한 양심

양심이라는 국가적, 민족적 입장에서, 또 그와 유사한 등등의 것을 생각하기도 한다. 이러한 것은 아무리 무어라고 변명하더라도 이기심의 연장인 수가 많을 것이다. 여기에서 말하는 것은 이러한 것을 초월한 착한 양심이다. 다시 말하여 선하신 하나님을 표준으로 한, 즉 거기에 합치된 양심이다. 성서는 우리에게 국가적, 민족적 양심이 아니라 이 착한 양심을 가지도록 권하였다. 소크라테스는 "악한 자가 누리지 못하는 것을 주옵소서"라고 기원하였다는데 실로 철인의 욕구라 할 것이다. 악한 자는 금전도 있고, 권세도 있고, 정치술도 있고, 모략도 있고, 칼자루도 있다.

그러나 그들에게는 착한 양심은 없다. 하나님 두려워하는 마음은 물론이요, 남을 존중히 여기는 마음이 없다. 약자를 동정하여 은혜 끼치려는 마음은 없다. 자기를 희생하면서 남을 섬기는 마음도 없다. 비위에 맞지 아니하는 자를 사랑하려는 마음도 없다.

노자는 말하기를 최상의 선은 물과 같아서, 물은 만물을

이롭게 하면서도 다투지 아니한다고 하였다(上善은 若水니 水善利 万物而 不争). 이러한 선한 마음을 가진 자가 있을까? 이는 오직 예수 그리스도에게서만 찾아볼 수 있을 것이다. 그는 누구에게나 적의를 품지 아니하시며, 사람을 너그러이 용서하시며, 남에게 호의 베풀기를 좋아하시며, 미움을 받으시면서도 불행한 자를 도우셨다. 세상에는 선을 행하는 자가 있기는 한데, 그러나 우리는 선을 행하는 자만 되어서는 안 된다. 즉 선하기를 즐거워하는 마음을 가져야 한다. 이러한 선한 마음을 가진 자는 "하나님에게 속한 자이어서" 하나님께서 함께하여 주신다(대하 19:11).

우리의 모든 생활은 하나님을 상대하여서이니 착한 양심, 그것을 소유함으로 더욱 하나님의 총애를 받게 된다. 하나님은 선하신 까닭이다.

그런데 우리가 어떻게 할 때 이 선한 양심을 얻을 수 있을까? 선한 환경을 만들어서 선한 양심을 얻을 수 있을까? 이것은 사회주의에서 쓰는 방법이니 선한 양심이 얻어지는 것은 아니다. 또 거룩한 가르침을 명상하고 음미하면서 그를 본받아 선한 양심을 얻을 수 있을까? 그것도 소기의 목적에 이르지 못할 것이다. 왜냐하면 육은 영을 본받을 수 없기 때문이다.

우리는 예수에게 화(化: 예수와의 하나 됨)하여야 한다. 우리의 실질(實質: 실제적이고 고유한 우리의 성질)이 저의 실질(實質)대로 변화 받지 아니하면 안 된다. 다시 말하여 모방이 아니라 개조되어야 한다. 그리스도를 믿는 자는 그저 저를 믿는 것만 아니라 저에게 새로 지음을 받아서 예수 그리스도의 본질을 가지게 된다. 우리가 그를 믿어 구원받은 것은 개심(改心: 단순한 마음의 변화)이 아니라 변질(變質: 본질이 완전히 바뀌어 성화 된 상태)이다. 우리가 예수를 믿게 되면 그와 동시에 변질의 은혜도 받아진다. 이 순간 선한 양심이 주어지고 선한 자가 된다. 이것이 우리의 소유이다.

2) 족한 줄 아는 마음(딤전 6:3-10)

여기에 족하다는 것은 본문에 의하여 물적 생활에 대한 말인 것을 생각할 수 있다. 족한 줄 아는 생활이라 하여서 사업의 향상이나 경제적 발전에 대하여 아무 기도도 없고 노력도 아니하는 나태(懶怠, laziness: 목표를 향한 행동을 지속하지 못하고, 무기력한 상태로 머무는 것, 게으름)에 가까운 심적 태도를 가져도 좋다는 말이 아니라 탐람(貪婪: 재물, 음식 등 무엇인가를 탐냄)[3] 한 마음을 품지 않는다는 의미일 것이다.

---

3) 탐람을 한문으로 설명하면 좀 더 쉽게 이해가 될 것이라고 본다. 貪: 탐낼 탐, 婪: 탐낼 람은 두 개의 글자로 구성되어 있다. 여기에서 람(婪)자를 풀이하면 婪 = 木 + 木 + 女 혹은 木 + 女 + 木 의 조합이다. 두 개의 나무 밑에서(혹은 사이에서) 여자가 (바라보고) 서있는 모습이다. 하와가 생명나무와 선악을 알게 하는 두 나무를 보고 있는 모습 그대로다.

어떤 사람은 온 세상의 것을 한입에 통째로 삼켜도 성에 차지 아니하듯이 헤매는 이가 있는가 하면, 어떤 이는 아무 가진 것 없어도 스스로 넉넉하게 여기는 이도 있다. 말을 달리하자면 외적, 물적 부유가 있어도 심령 상 궁핍을 가리지 못하는 이가 있고, 그와 반대로 외적인 여건에서는 궁핍하면서도 하나님의 진리와 은혜를 깨달아 만족하고 감사하는 행복 자도 있다. 바울 사도의 말한바 "아무것도 없는 같으나 모든 것을 가진자"라는 것이다.

신앙생활이란 우리를 완성하시고 또 영원히 사랑하여 주시는 천부(天父)에게 돌아와 그의 사랑의 품에서 사는 생활이다. 그의 뜻에 순종하고 그에게 이끌리고 그에게 양육받는다. 나의 계획이라고 따로 있을 것 없다. 우리의 쓸 것을 잘 아시는 천부이시니 최저 한도로 우리의 생활을 보장하여 주실 줄 믿고 있다. 누구에게 아첨하고 간사할 필요가 없이 날마다 활동하고, 날마다 기뻐하고, 날마다 원대한 희망을 품고 산다.

이러한 생활은 감사의 연속이다. 만족의 연속이다. 참다운 신앙생활, 그것은 실로 행복한 생활이다. 시편 기자는 "의인의 적은 소유가 많은 악인의 풍부보다 낫다"(시 37:16)라고 하였다. 신성한 의미에서 보면 불의한 부요보다 경건한 청빈이 더욱 행복일 것이다. 바울은 말하기를

"하나님의 나라는 먹는 것과 마시는 것이 아니요, 오직 성령 안에서 의와 평강과 희락이라"(롬 14:17)라고 하였다. 성도들이 추구할 것은 내적이요, 영적인 것을 시사하는 말이 되겠다.

옛사람이 말하기를 새는 궁하면 쪼고, 짐승은 궁하면 할퀴고, 사람은 궁하면 간사하여진다고 하였다. 환경이 궁하면 속마음마저 궁하여지는 것은 연약한 인간들에게 있을 수 있는 일이다. 또 사람은 궁핍할 수도 있다. 그렇다고 마음이 그 궁핍에 눌리게 되면 간사하여 지기 쉽다. 그래서는 인간의 존엄성도 인격도 모두 팔아먹게 된다. 사실인즉 신앙도 예수도 모두 버리게 되고 만다.

어거스틴의 "인간의 영혼은 변덕이 많다"라는 말도 인간에 대한 정확한 지적이 될 것이다. 영국의 문호 킹슬레는 "마음은 나의 왕국이라" 하였다. 말하자면 하나님을 왕자로 모시고 세워진 자기의 마음은 환경의 압박이나 유혹, 그 어떠한 침공에서도 의연하게 독립한 평화의 자기 왕국, 자기의 마음인 것을 말한 것이다. 또 시인 밀턴은 말하기를 "우리는 폭력자를 대항할 수는 없다. 또 이러한 권력자를 몰아낼 수도 없다. 그러나 그들을 불쌍히 여길 수는 있다"라고 하였다. 하나님의 은혜를 깨달아 마음이 부요하여졌고, 그 진리를 받아 마음이 밝아진 자는 세상의 권력자 이상의 면류관 없는 왕자라 할 것이다. 우리에게도 그렇게 하나님의 사랑을 깨닫고 그 진리의 빛에 반영되면 마음이 밝아지고 부요하여져서 외적 여건에 대한 안타까운 갈망에서 해방된다. 나의 마음도 무엇으로든지 침공할 수 없는 독립적인 평화로운 왕국이 된다. 그럴 뿐만 아니라 외부적으로도 도리어 부요하여진다. 세계 인류가 모두 나의 형제로, 나에게 안겨지고 심지어는 산정의 밝은 달, 강 위의 맑은 바람, 흐르는 물, 떠가는 구름, 저 자연계의 것마저 모두 나의 것인 양 반가워지게 된다. 행복하거나 하나님의 신령한 은혜로 마음이 부요하여져서 족한 줄을 아는 마음이여!

이상으로 우리의 소유에 대하여 몇 가지 생각하였다. 하나님과 통하는 선한 양심은 외부로서의 침공을 받지 아니하는 족한 줄 아는 마음이다. 세상의 부귀, 명예, 지위, 그런 것들은 인생의 외적 요소라 한다면, 선한 양심, 족한 줄 아는 평화로운 마음은 인생의 알맹이일 것이다.

우리는 그리스도를 믿어서 인생의 알맹이에 대하여 은혜 받았다. 보화 쌓기를 주력할 것 아니요, 선덕을 쌓을 것이며, 만인에 대하여 악의, 악감정을 품지 말고, 또 외적 사정에 눌리지도 말고, 인자와 공의를 베풀어 인생의 꽃을 피우면서 주님을 영화스럽게 하는 것, 이것들이 우리의 소유인 것이다.

7

까닭이 있어 신앙인가

본문: 욥기 1:1-12

욥은 이방 우스 출신이다. 그런데 그는 의인이었다. "그 소생은 남자가 일곱이요 여자가 셋이며 그 소유물은 양이 칠천이요 약대가 삼천이요 소가 오백 겨리요 암나귀가 오백이며 종도 많이 있었으니 동방 사람 중 가장 큰 자라" 기록되었다. 또 경건하기로도 유명하니 그 한 가지 예를 들자면 아들들이 "자기 생일이면 각기 자기의 집에서 잔치를 베풀고 그 누이 셋도 청하여 함께 먹고 마심으로 그 잔칫날이 지나면 욥이 그들을 불러서 성결케 하되 아침에 일어나 그들의 명수대로 번제를 드리었으니, 오늘의 일로 말하면 가정예배인데 이는 욥이 말하기를 혹시 내 아들들이 죄를 범하여 마음으로 하나님을 배반하였을까 함이라" 하였다.

그 생활이 부요하면서도 얼마나 경건하였는지 알 수 없다.

욥기의 문제는 여기에서 시작되었으니 어느 날 천상 회의가 열렸는데 그 석상에서 여호와는 욥을 크게 칭찬하여 사탄에게 이르시되 "네가 내 종 욥을 유의하여 보았느냐 그와같이 순결하고 정직하여 하나님을 경외하여 악에서 떠난 자가 세상에 없느니라" 사탄은 이러한 여호와의 칭찬이 비위에 맞지 아니하였다. 어떻게라도 하여 욥에 대한 하나님의 신임이 사라지기를 위해 사탄의 본색 그대로 욥을 참소하기 시작하였다. 특히 "욥이 어찌 까닭 없이 하나님을 경외하리이까 주께서 그와 그 집과 그 모든 소유물을 울타리로 두르심 때문이 아니니이까 주께서 그 손으로 하는 바를 복되게 하사 그 소유물이 땅에 넘치게 하셨음이니이다. 이제 주의 손을 펴서 그의 모든 소유물을 치소서 그리하시면 틀림없이 주를 향하여 욕하지 않겠나이까" 하였다.

1) 신앙을 실리주의로 보는 사탄

"사탄은 까닭이 없이 하나님을 경외하리이까" 하였는데, 즉 신앙을 실리주의로 보았다. 이것이 사탄의 신조이다.

또한 다음에 나타나는 욥 아내의 신앙이다. 다시 말하여 인간들이 하나님 공경하고 숭배하는 것은 모두가 이기적인 데서 나온 실리주의라는 것이다. 인간들이 하나님을 경외하는 것은 자기의 이익 때문이요, 하나님을 하나님으로 대접하여 공경하는 것이 아니라고 본 것이다. 그래서 인간들의 신앙이라는 것은 내막에 들어가 보면 참 신성한 것이 되지 못하고 이기적이고 불순한 정신이 혼합된 것이고, 또 하나님께서도 하나님이시니까 숭배를 받으시는 것이 아니라 저들 인간들을 이롭게 하여 주었으니 그 보답으로 공경을 받는 것이라 하여 하나님의 영광마저도 모욕하는 말을 하였다.

그러기 위하여서는 "주의 손을 펴서 그의 모든 소유물을 치소서 그리하시면 틀림없이 주를 향하여 욕하지 않겠나이까" 다시 말하여 인간이 이익된 무엇을 바라서 하나님을 공경하다가 기대에 맞지 아니하면 그때는 하나님을 배반하고 말 것이니 이론보다 증거로 일거에 그 소유물을 쳐 보자는 것이다. 사탄은 선 그 자체보다 선에 대한 보응을 생각한 것이다. 사탄은 참된 선, 참된 신앙, 그것은 아무 보상이 없더라도 선 그 자체, 또 혹은 신앙 그 자체만 하여도 위대하고, 숭고하고, 충분한 가치가 있는 줄을 알았을 리는 없다. 그래서 욥을 이같이 참소한 것이다. 그러나 아들을 아는 데에는 아비 같은 이가 없다(知子莫如父: 아들의 됨됨이는 아버지가 가장 잘 앎)는 말대로 욥을 알기에는 하나님 같으신 이가 없다. 어떠한 혹독한 시험이 있을지라도 욥의 신앙은 변치 않을 것을 믿으셨다. 믿는 자가 하나님을 믿는다면 하나님도 이같이 그 사람을 믿는 것이다. 그래서 하나님은 욥에 대하여 신앙을 시험하는 일을 사탄에게 맡겨 시험하여 보게 하신 것이다. 욥의 신앙을 짐작하신 하나님은 승리의 자신을 만만하게 가지신 것이다.

사탄의 잔혹한 솜씨, 그 공격에 열 명의 자녀가 집이 무너져 일시에 몰사하였고, 또 무수한 소유물은 양 새끼 한 마리 남지 아니하고 전부 약탈당하였다. 동방에서 가장 큰 자라고 이름난 욥은 일시에 보잘것없는 신세가 되고 말았다. 인간이 당하는 환난 가운데 이보다 더한 일은 없을 것이다. 그러나 "이 모든 일에 욥이 범죄치 아니하고 하나님을 향하여 어리석은 원망도 하지 아니하였다." 첫 번째 싸움에서는 결국 사탄이 참패하였다. 그러나 사탄은 기어코 저의 목적을 달성하기 위하여 다시 여호와께 진언하기를 "이제 주께서 손을 펴서 그 뼈와 살을 치소서 그러면 정녕 대면하여 주를 욕하리이다" 즉, 지금까지는 재물과 자녀에 대하여 재앙으로 임하였으나 아직 저의 몸에는 화가 미치지 아니하였으니 어느 정도 정신적인 여유가 있어 주를 배반치 않는 것인즉, 이제 저의 몸을 치시면, 즉 화가 저의 몸에 미치면 그때는 하나님을 배반하고 말 것이라는 것이다. 그렇게 되면 저가 까닭이 있어 하나님 공경하였던 것이 실증으로 나타나리라는 도전이다. 하나님은 그것까지도 허락하시니 욥은 홀연 심한 질환에 걸려 살이 썩어져 재 방석에 앉아 기와 조각으로 몸을 긁고 피부가 누더기 옷을 걸친 것같이 되었다. 자녀들이 눈앞에서 한순간 모두 몰살당하였고, 그 많던 재산은 모조리 약탈당하였으며, 몸마저 심한 악창으로 괴롭고, 곁에 있던 아내는 그를 계속 괴롭히는 가운데 있었다. 그러나 욥은 신앙이 있었다. 동요를 받을 그가 아니었다. 도리어 곁에서 "당신이 그래도 자기 순전을 굳게 지키느뇨 하나님을 욕하고 죽으라." 즉, 신앙을 버리고 그 벌로 하루바삐 죽는 것이 낫겠다는 아내의 충동이 있었다. 아내의 악담에 대해 욥은 "그대의 말이 어리석은 여자 중 하나의 말과 같도다. 우리가 하나님께 복을 받았으니 재앙도 받지 아니하겠느뇨" 하면서 "욥은 입술로 범죄치 아니하였다"

2) 재앙 중에서 찬미하는 욥

욥은 자녀와 재물이 재앙으로 사라졌다는 소식을 듣고 일어나 겉옷을 찢고 머리털을 밀고 땅에 엎드려 경배하여 가로되 "내가 모태에서 적신이 나왔은즉 또한 적신이 그리로 돌아갈지라 주신 자도 여호와시오 취하신 자도 여호와시오니 여호와의 이름이 찬송을 받으실지어다" 하면서 도리어 하나님께 찬송을 드렸다. 재앙이 격심한 가운데서 안타까움을 호소하는 기도와 고통을 신원하는 기도는 기독자들에게 있을 일이냐, 환난 중 찬송하는 일은 저마다 함부로 할 수 있는 것은 아니다. 찬송은 믿음이 끓어 넘칠 때 부를 수 있는 것이다.

인생의 목적이 무엇인가? 속이냐, 겉이냐, 소유물이냐, 신앙이냐, 세상이냐, 하나님이냐, 욥은 이러한 큰 문제를 해결하는 데에 가장 적절한 위치에 서 있다.

그러면 우리 신앙의 본령이 어디인가? 과연 실리적인가, 이익만을 찾는 신앙인가, 만일 그렇다면 하나님이 나를 버리면, 나도 하나님을 버릴 것인가, 하나님이 나를 죽이면 나는 하나님을 저주할 것인가, 혹 어떤 이유로 하나님이 나를 지옥에 보내면 나는 사탄에게 가담할 것인가, 하나님을 믿는 자가 많다지만, 이같이 실리를 궁극의 목적으로 하여 믿는 자는 실은 참 신앙인은 아니다.

자기를 위하여 하나님을 이용하는 데에 불과한 것이다. 자기가 목적이다. 자기가 신앙의 중심이다. 자기 제일이다. 이같은 자들에게는 하나님이 하나님이 아니라 자기가 하나님이다. 자기가 필요하니까 하나님을 믿고 이용하는 것이다.

인간들의 종교 생활의 출발이 대부분 자기중심이요, 자기본위인 것은 어찌할 수 없다. 그러다가 신앙이 성장하여지면 언제까지나 자기 이익, 자기본위로 머물지는 않을 것이다. 하나님 본위에 도달하게 된다. 어느 때인지 자기도 알지 못하는 사이에 자기를 부인하고, 자기를 잊어 버리고, 십자가를 지고 예수의 뒤를 따르게 된다. "내 뜻대로 마옵시고 아버지의 뜻대로 하시옵소서" 하는 것이 생활의 이념이 된다. 웨스트민스터 대소요리 문답 제1문에서 인생의 제일 되는 목적이 무엇이냐고 했을 때, 하나님을 영화롭게 하는 것이요, 영원토록 그를 충만히 즐거워 하는데 있다고 하였다. 이렇게 하나님을 믿는 자는 하나님께 집중하는 것이다.

자기의 이익을 찾는 것이 아니라 자기를 남김없이 하나님께 드리는 자, 하나님을 기쁘시게 하기 위해 그 몸으로 산 제사를 드리는 자가 된다. 거룩하신 이름 때문이라면, 어떠한 노고라도, 거룩한 사업 때문이라면, 어떠한 희생이라도 일절 드리고 버리는 것이다. 하나님이 전부가 된다.

성서에 보면 하나님은 천지 만유를 창조하신 거룩하신 하나님이시다. 영원 섭리로써 인생을 인도하시는 하나님이시다. 십자가상에 올라가신 하나님이시다.

마침내 우리 인생을 완성하시는 하나님, 선의 하나님이시다. 신앙이란 이러한 하나님께 절대 신뢰이다. 일절 전부를 맡기는 것, 절대복종이다. 욥의 이 같은 신앙의 승리로 마귀는 볼 것 없이 참패 되었고, 하나님은 크게 영광을 받으셨다. 우리의 신앙도 하나님 본위에 이르면 하나님이 기뻐하시고 이름에 합당한 영광이 돌아가게 된다.

8

그는 이렇게 사셨다

(청년회 헌신 예배)

본문: 베드로전서 2:18-25

참된 신앙은 관념에 그치는 것이 아니고, 예수 그리스도를 마음에 받아 그와 같이 인격화되고, 그와 같이 생활화되는 것이다. 그래서 성서는 "너희에게 본을 끼쳐 그 자취를 따라오게 한다"라고 하였다. 이제 그의 사심에 대하여 몇 가지 생각하면

1) 그는 귀족적이 아니라 평민적, 봉사적(마 20:25-28)
예수님은 하나님의 아들이시니 마치 대단히 귀족적이었을 것으로 사람들은 생각한다. 그는 존귀하신 것만은 사실

이지만 그 존귀성을 나타내지 아니하셨고, 극히 평민적이었다. 출생에서부터 그러하셨으니 빈한(貧寒: 가난하고 쓸쓸함)한 목수의 가정 출신이셨다. 석가모니는 정반왕(淨飯王)[4]의 아들이라 하여서 불교에서는 크게 여기고 있지만 예수님에게는 그런 지위나 계급으로 높게 볼만한 것은 아무것도 없는 문자 그대로 평민이셨다.

출생에서만 그런 것이 아니라 그 사상과 의지에 있어도 그러하셨다. 저는 노동자이시고, 목수이셨다. 노동으로 생계를 유지하기도 하셨고, 노동으로 하나님을 섬기셨다. 작금에 와서 사람들이 그를 교회의 수장으로 추앙하고 있지만 처음부터 그렇게 되기를 생각하신 것은 아니다. 자기를 높은 지위에 두려는 생각은 조금도 없었을 것이다.

사람들이 유대인의 왕으로 추대하려는 운동의 기미를 아시자, 거기를 피하시어 세리와 죄인의 벗이 되셨다.

다시 더 말하자면 예수님은 보통 평민도 아니셨다. 평민 이하이셨다. 즉, 저는 죄인이셨다. 사람들이 보기에는 신성을 모독하는 독신자(瀆神者: 신을 모독하는 사람)요, 반란자, 살인자 바라바 보다도 더욱 악하고, 더욱 미워할 자였다. 십자가에 처형된 죄인이었다. 천하게 출생하시어서 굴욕의 죽음

---

[4] 고대 중인도의 가비라위국의 왕. 사자협왕(師子頰王)의 태자였으며, 석가모니의 부친으로 알려져 있다.

으로 끝마치셨다. 저는 이스라엘 영도자 모세와 같이 하나님의 종이였으나, 모세는 특권적 입장에서 민중들에게 다분히 큰 소리로 호령하는 위치에 있었지만, 예수님은 호령이 아니라 약자들의 원조였다. 봉사적이었으며, 죄인과 약자의 편이셨다. 책망할 만한 사람에게 호통하고 책망하는 것은 정의의 길이지만, 그러나 사람의 책망할 일을 자기가 책임지는 것은 그리스도의 길이다.

예수님은 조금도 자신을 섬김을 받을 특권적으로 생각지 아니하셨다. 만민을 다스릴 권세를 아버지에게서 받았으나 그 권세를 쓰지 아니하시고, 도리어 만인의 종이 되셨다. 자기의 생명을 쏟아 가면서 만인을 섬기셨다.

제자들끼리 누가 크냐 다투는 것을 아시자, 예수님은 제자들에게 "이방인의 집권자들이 저희를 임의로 주관하고 대인들이 저희에게 권세를 부리는 줄을 너희가 알거니와 너희 중에는 그렇지 아니하니 누구든지 크고자 하는 자는 남을 섬기는 자가 되라." 하셨다. 눌린 자를 동정하시고, 빈한한 자의 위로가 되고, 죄인의 친구가 되셨으니 그만큼 위대하셨다. 낮은 자가 높은 자를 섬기고, 천한 자가 고귀한 자를 섬기는 것은 사회 일반적 통례이었더니, 예수 이후에는 사상계도 일변하여 고귀한 자는 왕궁 귀족이 아니라 평민이며, 남을 섬기는 자들이고, 천하게 여기던 노동은 신성시되었다. 흑인 노예를 해방한 아브라함 링컨, 고아의 아버지라 불리는 조지 뮬러, 불행자의 도움이 되는 토인비 같은 이는 모두 예수님에게서 배운 위인들이다. 예수님을 받은 우리들도 굴욕과 빈곤을 참고 견디면서 평민적이며 봉사적으로 그의 자취를 따를 것이다.

2) 그는 크고 많은 것보다 참된 것을 사랑하심

세상에는 유물주의의 여음(餘音: 아직 남겨진 소리)이 있어서 그런지 모든 사람이 크고 많은 것에 마음을 기울이게 되는 것 같다. 대재벌, 대병력, 대중, 대국가, 대단체, 심하여서는 교회마저도 대 교회주의가 유행한다. 미소(微小: 아주 작고 사소함)한 것은 대수롭지 않게 여기고 만다. 그런데 크고도 내용이 참스럽다면 그보다 더 좋은 것은 없을 것이다. 그러나 크고도 참된 의가 어디 있으리오? 성서에는 많은 군대로 구원 얻은 왕이 없다고 하였다. 기드온 정병(整兵: 병기를 갖춘, 완전군장을 한 상태)의 예를 보아도 알 수 있다. 또 말하기를 "적은 소득이 의를 겸하면 많은 소득이 불의를 겸한 것보다 낫다"(잠 16:8)라고 이같이 주님께서도 만 가지 사물을 그 내용 성격에서 보셨다.

예수님의 갈릴리 봄바람이라 할만한 인기 있으셨던 시절의 일이지만 사, 오천 명, 무려 만여 명의 대중들이 예수님을 따랐다. 나사렛 벽촌, 일개 목수의 아들로서 홀연히 대중의 수령이 되었으니, 출세라면 출세요, 성공이라면 성공이었다. 그러나 예수님은 그것을 만족하게 보시지는 아니하셨다. 그들 한 사람에게도 마음을 주어 의탁치 아니하셨다. 도리어 무화과나무 아래 혼자 앉아 있는 나다나엘을 보시고 간사함이 없고 진실한 그를 사랑하셨다. 칠일에 두 번씩 금식하고, 소득의 십일조를 드리고, 긴 옷을 입고, 길게 기도하는 대종교가연(大宗敎家然: 위대한 종교인처럼 연출하는 것)한 것을 싫어하시고, 참마음으로 회개하는 세리 삭개오를 아름답게 보셨다.

팔뚝까지 씻지 아니하면 먹지도 아니하는 대성자보다도, 참 마음으로 뒤로 와서 옷가를 만지는 혈루증 여인을 사랑하셨다. 연보궤가 적다 하고 돈뭉치를 던지는 부자의 헌금보다, 가난한 과부의 "두 렙돈"을 많게 보시고 칭찬하셨다.

사람을 외모로 보지 아니하시고 중심을 보시는 주님은 참이시기에 참된 것을 좋아하실 수밖에 없다. 우리가 한 가지 알아두어야 할 것은 참은 생명과 통한다(요 14:6참조). 하나님이 영생하신 것도 그 바탕이 참인 까닭이다(시 117:2).

"참", 그것은 우주의 대도(大道: 큰 길)요, 천국의 초석이다. "반", 거짓은 서지 못할 것이다. 설혹 서게 된다고 할지라도 그림자같이 곧 사라지고 말 것이다. "참"을 떠나서는 사람들의 성공이라는 것도 성공일 수 없고, "참"에 거하여 있으면 실패라도 성공일 것이다.

3) 고독 중에서도 씩씩하고 굳세심

이 세상에서 이상하다고 생각되는 것 한가지는 사람들이 선을 좋아하고 진리를 사랑하는 듯하지만, 선인이 나오고, 의로운 자가 나타나면 도리어 배척한다.

역사적으로 선인과 의인이 세상에 와서 환영받은 예가 없다. 특히 예수님은 더욱 그러하셨다. 예수님처럼 선한 자 누구이며, 의로운 자 누구리요, 예수님만은 최상의 환영을 받으셔야 할 것이요, 최고의 대접을 받으셔야 마땅하다.

그러나 사실에 있어서는 그와 정반대였다. 세상 사람에게 예수님처럼 미움받은 이가 없었고, 박해받은 이가 없었다. 저는 온유하시고 겸손하여 사람을 사랑하시기를 극진히 하셨건만 무슨 까닭으로 세상은 저를 박해하였는가, 무슨 까닭으로 고향 사람들은 저를 싫어하여 끌고 나가서 낭떠러지에 떠밀어 떨어뜨려 죽게 하려 하였는가(눅 4:16-32).

제자가 저를 팔았고, 동기 형제들이 저를 괴롭게 하였고(요 7:3-9), 전 국민이 저를 죽이려 하였으며, 마침내 종교인들이 저를 십자가에 못 박은 것이 아닌가. 왜 모두 그렇게 하였을까? 그 이유를 밝히기 전에 우리가 생각할 것은 저가 고독하셨다는 것은 누구라도 인정하고도 남을 것이다. 저는 말씀하시기를 "여우도 굴이 있고, 공중의 새도 거처가 있으되 인자는 머리 둘 곳이 없다"라고 하셨다.

이는 자기의 고달픈 사정을 자신도 알고 계신 말씀이다. 그러나 그렇다고 하여 진리를 이루고 의를 세우는 생활에 용기가 좌절되어 포기하고 말았던가? 그렇지 아니하셨다. 저의 유명한 말씀 중 "쟁기를 잡고 뒤를 돌아보는 자는 내게 합당치 않다"라고 하셨던 대로 저는 뒤를 돌아보지 아니하셨다. 바라는바 목표에 일보의 퇴양(退讓: 남에게 양보하고 물러남)도 없으셨다. 저는 찬성자를 기다리고, 칭찬 자를 기다려서 용기를 낸 것이 아니라 사면초가 중에서도 진리를 세우고 의를 이루기 위하여 불굴의 용기로 전진하신 것이었다. 단독으로 의로우셨고, 단독으로 진리였고, 단독으로 선하셨고, 단독으로 싸우셨다. 그렇다고 저는 세상이 말하는 소위 독선가는 아니셨다.

저에 대하여 성서는 말하기를 "쇠하지도 아니하고 낙담치도 아니하고 세상에 공의를 세우기에 이른"(사 42:4)다고 하였다.

그러나 저에게는 아무도 없었던 것도 아니었다. 유일 저와 함께한 분이 계시니 곧 저를 사랑하시는 아버지 하나님이셨다. "나를 보내신 자가 나와 함께하시도다. 내가 항상 그의 기뻐하시는 일을 행하므로 나 혼자 두지 아니하셨느니라" "보라 너희가 다 각각 제 곳으로 흩어지고 나를 혼자 둘 때가 오나니 벌써 왔도다. 그러나 내가 혼자 있는 것이 아니라 아버지께서 나와 함께 계시느니라" 이 말씀대로 저는 하나님만 신뢰하셨으니, 그것이 고독 중에서도 저로 용기 나게 할 것이다. 진정한 용기는 사람에서 난 것도 아니요, 사람으로 말미암은 것도 아니라, 하늘에 계신 아버지로 말미암아서 오는 것이라는 것을 볼 수 있다.

스승의 길은 곧 제자의 길이다. 또 스승의 운명도 함께 제자의 운명이다. 우리가 저의 자취를 바로 따르게 되면 저의 생활이 이루어지게 된다.

섬김받으려는 것이 아니라 섬기는 자 될 것이요, 크고 많은 데에 마음이 팔릴 것이 아니라 참된 것을 사랑하게 될 것이요, 박수 갈변(喝采: 칭찬)하는 데에서 용기를 낼 것이 아니라 고독 중에서도 하나님을 힘입어 단독으로도 진리를 이룬 용자(勇者: 용맹스런 사람)가 될 것이다. 이러한 저를 따르는 우리에게 성령님 함께 하실지어다.

9

거룩한 밤 고요한 밤

(성탄 축하)

본문: 누가복음 2:1-14

 "잎사귀 떨어진 빈 나뭇가지 된 것도 서글픈데 거기에 또 한 찬바람마저 와서 흔들어 주고 가는 밤, 닭은 홰로 올랐고 소와 양 떼들은 외양간으로 돌아온 밤, 부엉이와 올빼미와 너구리 표범들은 저의 때인 양 싸대는 밤" 중국의 문호 양계초(楊啓超)[5]가 말한 대로 사람들은 자기의 문 앞 눈 쓸 줄만 알고, 남의 지붕에 서리를 알지 못한다는 냉정한 밤, 대신 관료들은 제각기 승진과 상을 노리고, 로마 황제 옆에 둘러

---

[5] 량치차오, 중국의 근대 사상가. 중화사상을 처음으로 주장했다.

앉아 교언영색(巧言令色: 말을 교묘하게 하고 얼굴빛을 꾸민다는 뜻으로 아첨과 알랑거리는 태도)으로 아첨을 부리는 밤, 예루살렘 성전에는 사람 없는 촛불만 휘황하게 밝은 밤, 바리새파와 사두개파들은 적개심을 가지고 서로를 공격하기 위하여 음모를 꾸미는 밤, 베들레헴 성 중에는 호적하기 위하여 모여든 군중들, 돈과 배경이 있는 사람들은 숙소를 잡고 따뜻하게 보냈지만 그렇지 못한 사람은 한지(寒地: 추운 지방)에서나 외양간에서 보내지 않으면 안 되는 살기(殺氣: 독살스러운 기운)의 밤, 암흑의 밤, 공허의 밤, 차가운 밤, 괴로운 밤이었다.

그런가 하면 창공의 별 떨기들은 소리도 없이 엄숙하게 지정된 위치를 지키는 밤, 사람과 가축이 모두 잠들어 있는 밤, 그 지방의 목자들은 자기의 양 떼를 지키고 있는 고요한 밤이다. 이 밤은 바로 사람들이 알지 못하는 큰 사건이 생긴 밤이다.

하나님은 인류가 죄 중에 있는 것을 하감(下鑑: 아랫 사람이 올린 글을 윗사람이 봄)하시고 불쌍히 여기어서 만대를 두고 구원하시기로 경륜하신바 그 독생자가 사람의 몸을 입어 목수의 아들로 유대 베들레헴 말구유에 탄생하신 밤, 거룩한 밤이었다.

유럽까지 손아귀에 넣었던 정복자 몽골의 칭기즈칸(成吉

思汗, Genghis Khan)이 출생할 때는 그 손에다 붉은 피를 한주먹 쥐고 눈을 빤히 뜨고 하늘을 쳐다보면서 출생하였다고 전해진다. 또 인생의 괴로움에서 해탈하는 길을 부르짖는 석가의 출생에서도 땅에 떨어지면서 한 손으로 하늘을, 한 손으로는 땅을 가리키면서 천상천하에 유아독존이라 하였는데 그 발자국마다 꽃이 피었다고 하는 전설이 있지만, 예수 그리스도의 탄생에는 그러한 괴이한 일이 일어났다는 말은 없다. 도리어 극히 평범한 한 인간의 출생이었다.

　칭기즈칸은 몽골의 족장 아즈게의 아들이요, 석가는 정반왕의 아들이다. 그러나 예수 그리스도는 빈한한 목수의 가정에 태어난 평범한 출생이었다.

　이사야 선지자가 말한 "볼만한 것과 흠모 할 만한 것이 없는" 범상한 출생이었다. 이렇게 범상한 중에도 짐승의 구유에 탄생하시었다. 그러나 베들레헴 밤공기를 흔드는 그 갓난아기의 울음소리야말로 인생들이 죄악 중에서 멸망하는 궁극적 숙제를 해결하여 주는 선언적 소리가 아니었던가. 그리고 우주의 신질서를 선포하는 소리가 아니었던가. 이 밤이야말로 피조물과 조물주가 다시 연결이 시작된 밤이었고 만물의 재흥(再興: 쇠하였던 것이 다시 일어남) 되는 단서가 개시되는 밤이었다. 이 세상에서도 천국 건설의 여명을 보게 되었고, 인류의 역사는 새 광명의 방향으로 전

개되는 거룩한 밤이었다. 욥의 생일이나 예레미야의 생일인 그날은 저주받은 날이 되었지만, 예수의 탄생하신 밤은 우주 만물이 하나님에게 축복받은 밤이 되었다. 이 내막을 알아차린 천군 천사는 찬송치 않을 수 없는 밤이다.

"지극히 높은 곳에는 하나님께 영광이요 땅에서는 기뻐하심을 입은 사람 중에 평화로다"

진실로 거룩한 밤이었다. 그 당시에는 극히 한미(寒微: 형편이나 지체가 구차하고 변변하지 못함)한 취급을 받았지만 지금은 세계적으로 저의 탄생을 축하하고 있다. 그러면 우리는 성탄 축하를 어떻게 할 것인가? 훌륭한 의식을 갖추어야 할까? 진귀한 예물을 드리게 할까? 허식으로 흘러서 할 것은 아니다. 허식은 저에게 참 대접이 아니다. 정신적으로, 영적으로 저를 축하하지 않으면 안 된다. 영접하는 자는 그 이름을 믿는 자라 하였으니 "믿음이 없으면 하나님을 기쁘시게 못 한다." 과연 믿음 그것이다. 믿는 것 이상으로 저를 만족하게 하고 기쁘시게 할 것은 없다. 저를 하나님께서 보내주신 그리스도로 받는 일은 황금, 유향, 몰약으로 예물 드리는 그 이상으로 저를 대접하는 것이 된다. 우리는 저로 말미암아 죄악에서 구원 얻을 줄 믿으며, 저로 말미암아 만물이 재흥(再興) 될 것을 믿으며, 저로 말미암아 천국이 세워질 것을 믿는 일이 저를 대접하는 일이 된다. 믿음의 또 하나의 예는 그리스도를 받아 심령이 변화되는 일이니, 적을 정복하고 적의 처첩을 약탈하는 것이 유일의 취미라고 하는 칭기즈칸 같은 야심가를 따라가는 자는 없을 것이다. 만일 있다면 그는 망하고 말 것이다. 자기의 종교, 자기의 종파를 세우고, 살찌게 하려고 검을 뽑아 대적자를 도살하는 마호메트[6] 같은 열심을 따르면 그것도 스스로 망한다.

　예수 그리스도는 욕을 받으시나 대신 욕하지 아니하시고, 고난을 받으시되 위협하지 아니하시고, 등을 치는 자에게 등을 내어 맡기시고, 수염을 뽑으면 뽑히며, 양이 털 깎는 자 앞에 소리 없이 선 것처럼 잠잠하여 국민에게 극히 극악 자로 정죄 받아 조롱과 멸시 가운데서 원수를 위하여 복 빌면서 십자가에 달려 돌아가셨다. 그러나 저의 속에는 천국의 요소인 평화가 넘쳤다. 예수를 믿는다는 것은 교회당에 출입하는 것도 아니요, 교회 사업한다는 것도 아니오, 성탄절에 연극을 잘한다는 것도 아니다. 예수를 자기 행복으로 하고, 자기의 이상으로, 자기의 모본으로, 자기의 구주로 믿는 신앙이다. 즉 예수처럼 되려는 것이다.

　"천국은 너희 안에 있느니라"라고 주님은 말씀하시었다. 천국의 장소는 새 하늘과 새 땅이 되든, 또 어디가 되든지

---

[6] 이슬람교의 창시자

예수를 믿어 은혜받은 마음으로 인생을 사랑하는 곳이 곧 천국이다. 교회당이 훌륭하고, 예배 의식이 장엄하고, 사회도, 음악도, 화려한 수사적인 설교가 있더라도 예수에게 받은 새 마음으로 사랑하는 마음이 없으면 아직 천국은 아니다. 그렇다고 천국을 이루기 위하여 무슨 방법이나 공작을 생각할 것인가. 그렇게 하면 마치 송나라 사람이 그 보리 이삭 뽑아 올리었다가 도리어 손해를 본 것과 같을 것이다.[7] 천국 운동은 마치 어떤 사람들이 예수의 재림을 촉진하는 운동 하듯이 하는 것은 아니다. 성령을 힘입어 자기를 버려가면서 인생을 사랑하게 되면 그 자리가 곧 천국이다.

영국과 독일 간 전쟁에서 독일 병사가 쓰러져 죽으면서 자기의 주머니에 더듬어 무언가를 끄집어내 자기를 찌르는 영국 병사에게 주면서 너는 배고픈데 이 빵을 먹고서 살라고 하였다는 이야기가 있다. 사납고 맹렬한 전쟁 중에서도 천국의 꽃이 된 장면이다. 진정으로 예수를 믿은 자의 일일 것이다. 이렇게 우리의 마음에 예수를 받아들이는 것이 믿음이니, 이 믿음이 그를 즐겁게 해드리는 성탄 축하가 될 것이다. 오! 주여, 말구유 같은 이 좁고도 추한 우리의 심령에 오시옵소서.

---

[7] 이는 맹자의 말로서 송나라 사람이 자기의 보리가 자라지 아니하는 것을 민망히 여기어 밭에 나가서 보리 이삭을 모두 뽑아 올리고 성공이나 한 듯이 돌아가 자랑하였는데 집사람들이 가서 본즉 보리는 벌써 다 말랐더라고 하는 것이다.

10

예수는 살아나셨다

(부활절 설교)

본문: 누가복음 24:1-9

부활의 진리를 말하는 데는 그리스도교밖에 없다. 유교에서도 부활을 말하지 아니하였고, 그리스, 로마 신화에서도 영혼 불멸은 말하면서 부활은 말하지 아니하였고, 불교에서도 윤회전생은 말하면서 부활은 말하지 아니하였다. 그러나 그리스도교에서는 부활만 말했을 뿐만 아니라 이것을 구원의 궁극적인 목표로 믿고 있다.

한갓 이지(理智: 이성과 지식, 지혜를 신봉하는 사람들)에 속한 사람들은 부활을 믿고 있는 그리스도교를 냉대하는가 하면, 그 외 사람 대부분도 이 문제에 대하여 의문을 품고 있다. 사실에 있어 그리스도의 부활 문제는 극히 신비적인 일이다. 과학적인 교양을 가진 사람들은 신자이면서도 부활을 부인하려고 노력한다. 그러나 신앙적인 견지에서는 부활을 하나님의 크신 능력의 활동이요, 특별한 성업(聖業: 거룩한 사업)이어서 구원의 막바지가 되는 것으로 알고 있다. 우리가 한가지 알아둘 것은 하나님의 활동에서는 과학적인 면도 있고, 자연적인 것도, 초자연적인 것도 있다. 하나님을 단조로운 존재로 생각하여서는 신앙 세계의 심오한 진리가 가리어질 수밖에 없을 것이다(마 11:25).

  과학적인 것과 자연적인 것은 우리의 연구의 결과로 얻어 알 수 있을 것이지만 그의 신비적인 것과 초자연적인 것은 연구하는 것으로 알 수 없고 믿어서 알 것이다. 그리스도교의 부활 신앙은 하나님과 또 그가 주시는 의를 믿는 믿음에서 일어나는 것이다. 믿지 아니하는 자에게는 설명하여 알게 할 수도 없지마는 설명한대도 믿지 못할 것이다.

  그러나 믿는 자에게는 설명을 하지 않고도 믿어질 일이요, 하나님과 또 그 외 주시는 의를 믿는 믿음의 일이다. 이제 하나님께서 예수를 부활케 하신 일에 대하여 몇 가지로 생각하면,

1) 죄가 없는 곳에는 사망이 없는 것

　이 세상에서 일반적으로 통용화되어 있고 상식화된 것 중 하나는 산자는 반드시 죽고, 죽은 자는 살아나지 못한다는 것이다. 그런데 하나님의 말씀이 "죗값은 사망이라" 하셨으니 이 말씀을 의지하여 생각하면 일반이 알고 있는 대로 산자는 죽고, 죽은 자는 살아나지 못한다는 것은 인류가 죄 아래 있다는 것을 무의식중 전제로 하는 것임을 알 수 있다. 그렇다면 예수 그리스도의 죽으심과 그 살아나심은 그 생애에 있어 다른 사람, 여타 종교의 교주들과는 다른 내용이 있다는 것을 알 수 있다. 죽음의 세력은 과연 강한 것인데 그래서 그 앞에서는 두려워 아니하는 자 없다. 될 수 있는 대로 이것을 저항하여 보려고 여러 사람이 자기 나름대로 갖은 방법을 세워 보았지만, 아무 결과를 거두지 못한 채 죽음에 굴복하고야 말았다.

　그러나 그런 만인이 굴복하는 강한 죽음의 세력이지만 죄가 없는 자, 의로운 자에게는 어찌할 수 없이 그대로 무력한 것을 알 수 있다. 죗값은 사망이라는 원칙 아래에서 볼 때에 죽음, 그것의 세력은 죄가 있는 자에게 한하여 맹렬한 기세를 떨치는 것이었고, 의로운 자에게는 어찌하지 못하였다는 것을 알 수 있다. 즉 다른 사람에게는 죽음이 해당하였지만 예수 그리스도에게는 심적으로나, 육신적으로나, 사람들이 알기에나, 알지 못하는 곳에서나, 그 어디에서든지 죄와는 상관이 없이 그 일생이 절대 성결하시고 완전하였던 분이시었다. 기록된 대로 보면 "저는 죄를 범치 아니하시고 그 입에 궤사도 없으시며 욕을 받으시되 대신 욕하지 아니하시고 고난을 받으시되 위협하지 아니하시고 오직 공의로 심판하시는 자에게 부탁하시며 친히 나무에 달려 그 몸으로 우리 죄를 담당하시고"(벧전 2:22-24), 또 자기를 죽이는 자를 위하여 "아버지여 저희를 사하여 주소서 자기의 하는 것을 알지 못함이니이다"라고 기도하여 주시고 숨을 거두셨다.

죽음은 이러한 사람에게는 해당할 수 없었다. 죄가 없는 자의 죽음은 공적인 의로 허락되지 아니하는 까닭에 예수를 영구히 죽음 아래에 두지 아니하려는 하나님의 별다른 보응이 있을 수밖에 없으니, 이것이 곧 저를 죽은 자 가운데서 부활케 하신 일이다. 예수의 부활하심은 이같이 저의 생애의 완전한 것의 증명이 되었다.

위에서는 예수의 죽으심이 저 자신의 까닭에 있는 것이 아닌 것을 알 수 있다. 그것은 곧 일찍이 예고하여 온대로 "자기의 목숨을 많은 사람의 대속물로 주려 함이라" 하신 것이다(막 10:45). 그러면 여기에 또 하나의 문제가 제기되는 것은 과연 그럴 수도 있을까? 하는 것이다. 즉 예수님이 과연 만인의 죄를 대속하여 죽으신 것이며, 그런다고 하나님은 또 예수의 피 제사를 받으시고 인류의 죄를 용서하신 것인가. 그것이 그대로 되었다면 인류에게는 다시 더할 수 없는 광명이겠는데…… 하나님은 우매한 인류를 위하여 확실한 "믿을 만한 증거"로 주시는 것이 분명하지 아니할까, 그렇다. 거기에 대한 증명은 있으니 곧 예수 그리스도의 부활이 증명이다. 다시 말하여 예수는 그 생명으로 우리를 속량하기 위하여 죽으시고 하나님은 그 속죄한 제사를 받으시고 우리를 사유하셨다는 증명으로 예수를 부활케 하신 것이다(롬 4:25). 즉 예수의 부활은 하나님이 우리의 죄를 사하셨다는 "사인(sign)"인 것이다. 과연 성서에 기록된 대로 "믿을 만한 증거"이다(행 17:31). 예수의 부활은 이와 같이 우리의 신앙에 큰 의의가 있는 것이다.

2) 하나님의 통치 질서를 확립하신 것

예수께서 잡히시면서 하신 말씀은 "…이제는 너희의 때요 어두움의 권세로다"라고 하셨다(눅 22:53). 세상에서는 그들의 때이니만치 어두움의 권세가 득세일 것이다. 이 어두움의 권세로 탄압하여 예수를 십자가에 처형한 것이다. 말하자면 큰 착오를 저질렀다. 그것은 예수가 하나님을 모독하는 자로 정죄한 것이다. 사실은 하나님을 모독한 자는 따로 있었다. 이방인 빌라도는 예수를 심문한 결과 죄가 없는 것을 선언하고 석방하려 하였으나 유대의 제사장, 장로들은 교권을 휘둘러 예수를 불법적으로 시해한 것이다. 말하자면 어두움의 권세였다. 그들에게는 율법도 있었고, 최고의 종교 재판인 산헤드린도 있었고, 성전도 있었지만, 그러나 마음은 암흑이었다. 따라서 이들의 처사는 착오였으며, 진리가 아니라 세속의 권세였다. 예수는 이들로부터 사형할 자로 규정 받은 것이다. 예수는 이같이 사람들에게는 가장 악한 자로 보였지만 하나님께는 충실한 종이셨다. 진정으로 죽어 마땅한 자들은 아니 죽고, 죽지 아니할 자를 죽인 것이다. 말할 수 없는 큰 착오를 일으킨 것이다.

하나님으로서도 이러한 인간들의 착오에 동조하여 그대로 묵인하실 것인가. 그렇게 하여도 하나님이실까. 아니라, 하나님께서 통치하시는 세계에 있어 그분은 질서를 세우지 아니할 수 없었다. 그래서 아니 죽을 자인 예수를 부활케 하신 것이다. 다시 말하자면 인간들의 착오로 발생된 처사를 하나님은 시정하여 주신 것이라 할 것이다. 이것이 하나님의 세계 통치에 있어 죄 없으신 예수를 다시 살리신 질서 확립이자, 과연 시정이었다.

지금도 세계에는 어두운 권세의 그림자가 많이 나타나 있다. 자기의 때인 양 난무하고 있는 것을 얼마든지 볼 수 있다. 무력, 전력, 그리고 수단과 모략으로 세상을 어지럽게 하고 있다. 그래서 정의는 유린 되고, 자유는 탄압하여 진리를 흐리게 하는 일이 얼마든지 있다. 국제문제가 그러하고, 지역사회에서 그러하고, 심지어는 교회 문제까지도 그러하다. 우리가 믿는 것은 하나님은 살아계시다는 사실이다. 그가 세상을 통치하시는 한 인간들의 착오 된 처사는 때가 되면 시정되고 말 것이다. 하나님의 통치 앞에서는 언제고 만사 만물이 정당한 질서로 복귀되고야 말 것이다. 우리는 믿고 있다. 지금 웃는 자여, 장차 울 것이요, 우는 자여, 장차 웃을 것이니 하나님은 세계의 왕이신 줄을 믿어라. 정의와 진리가 최후의 승리를 거두게 될 것이다. 이것이 우리의 신앙이요 선언이다.

3) 인류에게 새 희망이 던져짐

역대 인류는 언제나 그 생을 죽음 이편에서만 생각했다. 그래서 인생칠십고래희(人生七十古來稀: 인간의 수명이 칠십을 넘기 힘들다는 시인 두보의 시구에서 유래)라는 말을 하기도 하고, 인생 백세시대라는 말을 하기도 한다. 어느 시인은 "우리 인생이 잠깐만 되는 것이 서럽고, 물이 무궁토록 흐르는 것이 부럽다"라고 했다. 또 시편 기자도 "우리의 연수가 칠십이요 강건하면 팔십이라도 그 연수의 자랑은 수고와 슬픔뿐이라"라고 하였다. 결국 인생은 죽음 이편으로 끝나지 않고, 저편에까지 이어진다는 사실이 알려졌다. 죽음으로 한계를 그어 그 이면보다 저편이 더욱 광명하고 영원한 세계인 것이 알려지게 된 것이다. 그래서 인생에게는 죽음이라는 것이 막다른 장벽이 아니라 오히려 죽음이라는 커튼을 통하여 저편의 세계를 들어가게 되는 것을 알 수 있다. 예수의 부활은 이 사실에 대하여 하나의 증명이 되었다.

그리스도교에서 주장하는 구원이라든지 영생이라는 것은 영혼이 육신을 헌 옷 벗듯이 벗어 버리고 홀연히 천상으로 올라가는 것이 아니다. 그렇게 되면 몸을 잃어버린 영혼이 되고 말 것이다. 그것은 구원도 아닌 불완전한 존재일 것이다. 몸 없는 영혼만이 어찌 영생이 될 수 있을 것인가, 그래서 하나님은 범죄의 기구가 되었던 우리의 이전 육신을 다시 영화로운 몸, 신령한 몸으로 바꾸어주시어서 즉, 재창조를 입은 완전한 자로 부활케 하여 주신다. 그리스도교에서 영생의 희망은 사실인즉 그 안에 부활의 희망이 포함된 것이다. 예수의 부활로 말미암아 완전한 구원관, 인생관이 이같이 철저하게 세상에 제공되었다.

그러면 인생은 누구나 할 것 없이 하나님에게 부활의 은혜를 받게 되는가. 그런 것은 아니다. 부활도 일차 부활 이차 부활이 있는데 성서에 의하면 일차 부활은 구원의 부활이요, 이차 부활은 심판의 부활이다(요 5:29; 계 20:5-6). 하나님으로부터 부활의 은혜를 받아 첫째 부활에 참여하여야 한다. 하나님은 "저 세상과 및 죽은 자 가운데서 부활함을 얻기에 합당히 여김을 입은 자"(눅 20:35)에게 한하여 첫째 부활에 참여하게 하는 것이다. 이 부활에 참여하지 못하면 그가 세상에서 무엇을 하였는지와 상관없이 그 인생은 실로 허무할 수밖에 없을 것이다. 그래서 성도들은 어찌하든지 죽은 자 가운데서 부활에 이르려 한다고 하였다(요 3:3; 빌3:11). 아무튼 예수의 부활하심으로 말미암아 세상에서는 새로운 인생관이 눈 뜨여지게 된 것이다. 누구나 예수를 사랑하는 자는 하나님 아들의 생명을 받아 영으로 구원 얻어 때가 오면 거기에 적응되는 몸으로 주어져서 영원한 삶을 누리게 될 것이다. 예수의 부활로 말미암아 인류에게 이러한 새로운 희망의 광명이 주어지게 된 것이다. 이제는 인생의 단축(短促: 시간이 짧고 촉박한 상태)된 것을 슬퍼할 일도 없고, 죽음을 두려워할 것도 없다. 다만 진실한 믿음으로 예수 그리스도 안에서 일생을 관철할 것뿐이다.

 예수께서 십자가에 돌아가신 후 제자들은 실망과 허무감에 부딪혀서 모두 산산이 헤어지고 말았다. 삼 년간이나 공들여 쌓아둔 예수의 사업은 이제 와서 안개처럼 사라지고 말 운명이었다. 이때 예수께서는 부활하신 몸으로 저들에게 나타나셨으니, 거기에서 제자들은 예수의 생존 시에 말씀하시던바 예루살렘에 올라가 서기관, 제사장, 장로들에게 고난을 받고 이방인에게 넘겨주어서 죽임을 당할 것이다. 그러나 사흘 만에 다시 살아나서 너희보다 먼저 갈릴리로 가리라 하시던 말씀이 새로이 기억에 생생하였다. 말하자면 예수의 부활하심에 부딪혀서 제자들의 신앙도 부활한 것이다. 여기에서 제자들은 다시 힘과 용기를 얻어 목숨을 돌아보지 아니하고 복음 사업에 열중하기에 이르렀다. 오늘 우리는 부활절을 당하여 하나의 축하하는 것으로 지날 것이 아니라 내용 있는 생명, 즉 예수 그리스도의 생명의 성령을 받아 소망이 부활하고, 믿음이 부활하여 썩어져 가는 죄의 무덤에서 뛰쳐나와 사랑과 자유와 평화와 성결함과 활기로써 모든 역경과 고난을 극복하면서 주님을 섬기고 복음 사업에 충실하여야 할 것이다. 그러다가 몸까지 부활하여 영생의 세계에서 주님을 찬양하여야 할 것이다. 다시 말하노니 예수는 부활하셨다.

11

건전한 신앙

본문: 고린도전서 2:1-5

　같은 신앙인 듯한 중에도 건전한 신앙이 있고, 박약한 신앙이 있다. 또 사람 보기에는 훌륭한 신앙 같지만, 도리어 모래 위에 세운 것 같은 신앙이 있고, 무미건조한 신앙 같으면서도 반석 위에 세워진 신앙이 있다. 우리는 건전한 신앙의 길을 찾아 믿어야 할 것이다. 건전한 신앙의 길은 어디에 있나, 어떤 이가 말한 바와 같이 결과를 보고 믿는 신앙은 아무리 떠들더래도 박약한 신앙일 것이요, 결과 여하를 보지 아니하고 믿을 만한 이를 믿는 것은 건전한 신앙이라고 한 그대로이다.

1) 결과를 보고 믿는 신앙

  기독교를 기적적으로 병을 고치는 능력이 있는 것을 보아 믿는 이가 있다. 또 기독교가 세계 문명 사상에 큰 공헌이 있는 것을 보고서 과연 문명의 종교이니 그래서 신앙한다는 이도 있다. 저들의 신앙은 이 같은 위약한 근거 위에 세워있으니 오래지 아니하여 그 신앙은 무너지고 말 것이다. 또 어떤 이는 기독교와 사회를 보아 믿는 이도 있다. 인류 사회는 기독교로 말미암아 발달하였다는 것은 사실이다. 그러나 사회는 인생의 표면이니 표면의 일에 비추어 신앙의 기초를 둔다는 것은 역시 건전치 못한 신앙이 될 것이다. 또 어떤 이는 사회는 인생의 표면이니 그것을 보아 신앙의 근거를 두는 것은 물론 건전치 못할 것인즉 차라리 내적으로 자기 심령의 경험 위에다가 신앙의 기초를 두는 것이 건전한 신앙이 될 것이라 하여 그래서 자기의 경험을 강조하는 이가 있다. 심령의 내적 경험이라 하였으니, 외인이 부정하기는 곤란하지만 그렇다고 하여 그것이 신앙의 표적이 될까? 하는 것이다.

  심령상 경험은 자아의 경험이기는 하지만 이것은 자기가 자기에게 느낀 것이다. 이것이 과연 보편적 사실이 될 것인가, 거기에 대한 여부는 자신이 독자적으로 결정할 것은 아닐 것이다. 즉, 구원받았다고 생각한다고 하여 반드시 구원 얻은 것이며, 성결 되었다고 생각하여 과연 성결 되었을까? 하나님과 대화한 경험이 있다는 것은 과연 진실한 사실일까? 이러한 심리적 사실에 대하여 바울 사도는 언명하기를 "내가 자책할 것을 깨닫지 못하나 이로 인하여 의롭다 함을 얻지 못하노라. 다만 나를 판단하실 자가 주시니라"(고전 4:4) 하였다. 또 예레미야는 말하기를 "사람의 마음은 만물보다 거짓되다."(렘 17:9)고 했다. 사람은 자기 마음을 힘입어 자기를 알 수 없다. 자기가 본 자기는 진정한 자기가 아니다. 자기가 선하게 보인다고 반드시 선도 아니요, 악하게 보인다고 하여 반드시 악이 아닐 것이다. 영원한 사실은 감정 이외에 있다. 구원은 감정의 것이 아니다. 즉, 도리를 믿는 의지의 일이다. 그런고로 이 신앙은 항성적항심(恆星的恆心: 항성과 같이 영원히 변치 않는 마음)과 같이 부동(不動: 움직이지 않음)하는 것이다. 바위와도 같이 굳게 그 근거를 우주의 진리에 두는 것이다. 다시 말하여 자연 이외의 것에 근저를 두는 것이다. 그러면 병을 고침받았으니 믿는다는 것을 악한 신앙이라는 것은 아니지만 건전한 신앙이라고는 할 수 없을 것이다.

그런데 신앙은 원래 의지의 동작이어서 결과의 유무에 말미암은 것은 아니다. 믿을 만한 이는 결과의 유무에 불구하고 믿으며, 믿지 못할 것은 비록 천지가 무너져도 믿지 아니하는 그것이 진리 신앙인 것이다. 고로 참 신앙은 안목을 그 결과에 기울이는 것이 아니다. 안목을 결과에 기울이면 신앙은 신앙이 되지 못한다. 순전한 신앙은 신앙의 신앙인 것이다. 결과를 기대치 않고 믿을 만한 이를 믿는 신앙이다. 바울은 "보이는 바로 행하지 아니하고 믿는 바로 행한다."라고 하였다. 진정한 신앙은 무엇을 보려는 것, 냄새라도 맡자는 것이 아니라 믿자는 것이다.

2) 건전한 신앙이란

기독자에게는 유일의 신앙의 목적물이 있다. 그것은 곧 예수 그리스도와 그 십자가이다. 위에서 여러 번 말한바 "믿을 만한"이란 곧 예수 그리스도와 그 십자가이다. 여기에 근거를 두지 못한 신앙, 여기에 기초를 정하지 못한 신앙은 어떠한 사람의 신앙이라도, 또 어떻게 믿는 신앙이라도 박약(薄弱: 지극히 나약한 상태)한 신앙인 것이다. "그리스도는 하나님의 신성의 충만하심이 몸을 이루어 그리스도 안에 머물러 있음이라"(골 2:9) "너희 생명이 그리스도와 함께 하나님 안에 감추었음이니라"(골3:3) 그러므로 신자는 그리스도와 그 십자가 이 외에는 무엇이든지 구하지 아니하여야 한다. 바울의 말이 바로 이것이다. "…예수 그리스도와 그의 십자가에 못 박히신 것 외에는 아무것도 알지 아니하기로 작정하였음이라" 하였다.

 말만 아니라 이것이 바울 신앙의 태도이었으니 모든 관심을 여기에 집중하면서 다른 것은 거들떠보지도 아니하였다. 국가사회에 나타난 기독교의 효과, 그것도 아니요, 또 자기의 심령에 느낀 주관적 감정도 아니다. 이러한 것들에게는 신앙의 기초를 두기에는 너무나 부족하다.

 하나님이 미리 화목제물로 예비하여 주신 십자가상의 예수 그리스도, 여기에 만이 우리의 전심전령(全心全靈: 모든 마음과 모든 영혼을 다해)을 쏟아부어 가면서 신앙할 만한 기초가 되게 하신 것인데 예수님의 십자가, 그것이 신자에게 미치는 하나님의 의가 되는 것이다. 신앙자는 이것들 외에 선행이나 의, 공로를 구할 필요가 없다. 고로 이것을 믿기만 하면 넉넉한 것이다. 새삼스레 선이나 공적을 위하여 사회사업에 마음먹을 필요도 없고, 별스럽게 의를 세우기 위하여 조급할 필요도 없다. 자기로서 청렴결백하여 하늘을 쳐다보나, 땅을 내려다보나 아무런 부끄러움이 없는 사람이 되어 보겠다고 고심할 필요도 없다. 죄의 몸, 이대로 십자가상의 예수 그리스도를 쳐다보는 믿음에서 선도, 의도, 또 거룩함을 얻는 것이다. 이것이 하나님이 받으시는 신앙이어서 또 금생과 내생을 통하여 흔들림이 없는 견고한 신앙이요, 건전한 신앙이다. 믿을 만한 이를 믿는 신앙이다. 이 세상 윤리학자들로서는 도저히 이해할 수 없는 신앙이다. 그러나 사람을 구원하고 영원한 생명에 들어가는 신앙은 이것 이외에는 다른 데에는 없는 것이다. 이 신앙에서 하나님과 더불어 화평함을 누리는 마음의 평안 자도 나왔고, 세계적인 사업가도 나왔고, 대 윤리가도 나왔고, 이 신앙에서 대 문학자, 대 예술가, 대 애국자, 대 정치가도 나왔다.

일단 그리스도를 발견하였으면 자기를 찾을 필요는 없다. 자기는 어디까지든지 죄의 자기이다. 자기를 추구한 그 궁극에는 자기 안에 죄밖에 아무것도 없는 것을 발견하게 될 것이다. 고로 생각은 좋으나 성화한다고 아래를 내려다보아 자기를 찾을 것이 아니라, 성화를 추구할수록 위를 쳐다보아 십자가의 예수를 쳐다볼 것이다. 사실로 성화를 소원하는가? 자기를 보지 말고, 자기를 망각하고, 다만 십자가상의 예수님만을 쳐다볼 것이다. 그리하면 자기가 아니하여도 저절로 성화 될 것이다. 기독교가 세상의 윤리관과 다르다는 것은 악을 버리는 것이 아니라 믿음으로 선을 받는 일이다. 바울 사도의 말한 대로 "우리가 다 수건을 벗은 얼굴로 거울을 보는 것 같이 주의 영광을 보매 저와 같은 형상으로 화하여 영광으로 영광에 이르니 곧 주의 영으로 말미암음이라"라고 (고후 3:18) 한 그대로이다. 또 우리의 사죄의 은혜도 우리가 회개하는 까닭에 죄를 사하시는 것이 아니라, 또 우리가 죄 용서받았다고 느낀다고 사죄 되는 것이 아니라, 예수님이 우리를 대신하여 십자가상에서 형벌 받아 돌아가신 것인데, 우리의 사죄함 받은 증거는 우리 속에 있는 것이 아니라 골고다의 십자가에 있는 것이다.

  우리 주님이 원하시는 신앙은 이러한 신앙이다. 예수와 그 십자가 이 외에는 신앙의 이유를 구하지 아니하는 신앙, 이것만으로 족하다는 신앙이다. 그 증명을 세상의 성공에서 구하지 않고, 자기의 성화 된 데에서 구하지 아니하는 신앙, 단순하면서도 대단한 신앙, 이 세상에서 율법적 신자나 윤리학자가 보기에 위험한 듯한 신앙, 마치 콜럼버스가 하늘의 별만 신뢰하는 외에 육상에는 아무 표적 없이 대양을 타고 나온 신앙, 이 신앙만이 사람을 두려워 아니하고 죄를 이기고 신대륙인 신천신지를 향하여 출범하는 신앙일 것이다.

12

최상의 축복

본문: 에스겔 36:22-31

하나님은 그 백성들에게 축복하여 주시되 여러 방향에서 하신다. 혹은 재물에, 혹은 산업에, 혹은 육신에, 혹은 심령에 행하신다. 그런데 그중에 비교적 최상의 것이 있을 것이니, 그것은 심령 상 축복일 것이다. 소는 힘으로 사는 짐승이라면, 사람은 심령으로 사는 영특한 존재이다. 마음, 곧 인격적 생활을 영위하는 까닭이다. 사람이 잘되고 흥하려면 마음에서부터 잘될 것이요, 또 패망하려면 마음에서부터 악하여지는 것이다. 그것만 아니라 심령의 문제는 영원한 생명과 통하고 하나님의 나라와 관련 있는 까닭이다. 그래서 하나님은 우리에게 축복하실 때, 여러 가지 외적인 것으로 하시는 일도 있지만, 더욱 중하고 귀한 것은 그 사람의 내적인 심령에 축복하시는 일이다. 위에서 읽은 에스겔서의 말씀에도 하나님은 패망되었던 이스라엘에게 회복의 은혜를 주실 때 "새 마음", "새 영", 그리고 그들의 속에 하나님의 영을 두시겠다고 하신 것도 깊은 의의가 있을 것이다. 따라서 토지의 소산이 풍부하고 과원의 결실이 왕성하게 하시겠다는 약속은 심령의 축복에 따른 부수적인 것이다. 다음 심령의 은혜를 생각한다면,

1) 심령을 새롭게 하여 주시는 것 – "또 새 영을 너희 속에 두고 새 마음을 너희에게 주되"(:26)

이스라엘에 큰 패망의 역사가 있었다면 그 원인은, 곧 그들의 심령이 하나님 보시기에 더러워진 일이다. 그 까닭에 선민(選民: 선택된 백성)이라는 자랑도 상실되었고, 하나님에게 버림을 받았고, 적국의 포로가 되고 말았다. 하나님은 이제 그들에게 회복의 은혜를 주시려고 할 때, 그들의 심령을 새롭게 하심에서 시작하기로 하신 것이다. 그런데 여기에 새 마음, 새 영이란 것은 결국 회개하는 마음을 일으켜 주시는 일일 것이다. 과거 부정한 생활을 뉘우치고 거기에서 돌아서는 심령이다. 예수님께서 탕자의 비유에서 말씀하신바 탕자가 "스스로 돌이켜" 부친에게 돌아오는 심령, 바로 그것이다. 회개하는 마음, 이것은 하나님의

축복으로 나아가는 첫 단계요, 구원으로 들어가는 첫걸음이다. 실로 중요한 은혜의 단계이다. 그래서 세례요한도, 또 우리 주님도 민중들에게 이 마음을 일으켜 주시기 위하여 노력하신 것이다(눅 3:8; 마 4:17). 그래서 기독교에서는 회개를 중요시한다.

그런데 기독교에서 말하는 회개라는 것은 어떤 내용을 가진 것인가, 이것은 세상 도덕가들이 말하는 개과천선(改過遷善: 과거의 잘못을 뉘우치고 올바르게 살아가려는 태도)[8]이라는 그것보다 의미가 매우 깊다. 이전의 잘못을 회한(悔恨: 뉘우치고 한탄함) 하는 것, 옳지 못한 업을 고치는 것, 또 성격상 모자람을 고치는 것을 회개로 보는데, 이것도 회개는 회개여서 귀한 일이다. 그러나 이는 도덕적인 회개이다. 세상에서는 이 정도의 회개만 되어도 훌륭한 성자라 할 것이다. 그러나 기독교의 구원이나 천국 문 앞에서는 이러한 미약하고 천박한 회개가 통하여 지지 아니하는 것이다. 성서, 특히 신약에서 말하는 회개라는 것은 이것보다 훨씬 의미 깊은 것이다. 예레미야는 그 당시 교계 지도자들에게 불만을 토한 것은 "내 백성의 상처를 심상히 고쳐 주며 말하기를 평강하다 평강하다 하나 평강이 없도다"(렘 6:14)라

---

8) [사기(史記)]의 '순리열전(循吏列傳)'에 나오는 표현으로서, "허물을 고치고 착한 길로 나아간다"는 뜻.

고 한 일이 있는데, 현대인들도 회개에 대하여서는 심상(尋常: 문제 따위를 대수롭지 않게 넘기지 않고 예사롭게 여기는 태도)히 다루고 있는 것 같다.

예수님께서 말씀하시기를 자기를 부인하고 제 십자가를 지고 "나를 쫓으라." 하셨다. 이 말씀에서 보이는 회개의 뜻은 자기의 행위나 성격에 있어 좋은 점은 그대로 두고, 좋지 못한 점은 고치라는 것이 아니라, 자기를 전적으로 부인, 부정하라는 뜻이다. 성격상이나 행위상 옳지 못한 것은 당연히 버릴 것이지만 자기의 선하다고 생각하는 것, 옳다고 생각하는 것, 그 모든 것을 버리라는 말씀이다. 자기 자신에 대한 전적 부인이다. 왜 그렇게까지 하여야 하느냐 하면, 자기는 전적으로 죄인이기 때문이다.

우리의 죄는 어쩌다가 우연히 범한 우연적이 아니다. 근본적이고, 본래부터 가진 고유적이다. 즉 죄로 나서 죄성이 있는 사람이 되었기 때문이다(시 51:5-). 다시 말하여 우리에게는 이것저것 골라서 회개할 것이 아니라, 자기는 전적으로 부인되어야 할 자라는 뜻이다. 이러한 철저한 회개에 따라서 참된 새 마음, 새 영이 생겨나는 것이다. 그래서 참된 신앙에 이르게 되는 것이다. 신앙 없는 자는 아직 회개치 아니한 자인 까닭이다. 이같이 회개한 자는 자기본위에서 죽고, 하나님 본위의 생활에 들어가게 된다.

자기의 뜻에서 죽고, 하나님의 뜻에 돌아오게 된다. 땅에 붙은 생활에서 떠나, 하늘에 붙은 생활에 이르게 된다. 이것이 새 심령에 축복받은 자인 것이다.

2) 심령을 부드럽게 하여 주시는 것 – "너희 육신의 굳은 마음을 제하고 부드러운 마음을 주어"(:26)

위에서도 말한 바이지만 이스라엘이 패망에 이른 주요 이유는 그들이 하나님 앞에 마음을 쓰는 태도가 돌덩이처럼 굳어 강퍅한 까닭이다. 그들도 절기를 지키고 희생을 드리는 일은 하여 왔지만, 그런 일로서는 하나님 앞에 신앙일 수는 없다. 하나님은 도리어 월삭과 절기를 싫어하시었다(사 1:10-17 참조). 종교는 마음의 일이다. 의식과 형식보다 마음을 써서 하나님의 말씀을 받아들이고 진리를 이루어 드리는 일이다. 마음을 다하고 성품을 다하여 하나님께 사랑하는 일이다(욜 2:12). 그런데 이들은 세상의 영광을 사랑하고 육신의 향락에 취하여 하나님을 멀리하였다. "백성이 입술로는 나를 존경하나 마음은 내게서 멀리 떠났다"라고(사29:13) 한탄하셨고, 또 "나 여호와가 말하노라 내가 너희에게 말하되 새벽부터 부지런히 말하여도 듣지 아니하였고 너희를 불러도 대답치 아니하였느니라"(렘7:13) 하셨다. 저들은 나라가 패망하기 전에 이같이 마음이 먼저 망하여졌고, 육신이 포로가 되기 전에 마음이 먼저 죄에 포로 되었다. 국민의 마음이 무너졌는데 그 나라가 서는 일은 없다. 그래서 하나님은 나라를 살리기 전에 마음을 살리려는 것이다.

예수님 당시에 시몬이라는 바리새인이 식사를 대접하기 위하여 예수님을 청하기는 했지만, 발 씻을 물도 드리지 아니하고, 또 존경하는 마음으로 입을 맞추지도 아니하였다. 마침, 그 동네에 사는 한 여인이 옥합에 향유를 담아 와서 예수님께 부어 드리고, 죄를 애통하여 눈물로 그 발을 적시고, 머리털로 씻으며 입 맞추었다. 이것을 도리어 시몬은 이상히 여기었다. 말하자면 예수님께 대한 시몬의 마음 태도는 겉으로는 존경하는 듯했으나 속마음은 돌덩이처럼 굳고 강퍅하였다. 외유내강(外柔內剛: 겉은 유하지만 속은 강함)의 상태인 것이다.

현대에서도 이러한 신자들이 얼마든지 있을 것이다. 그의 뜻을 받들려고 따라다니긴 하지만 예수님을 예수님으로 대접하는 마음은 없고, 한낱 세계적 위인으로 숭배하고, 혹은 문화종교의 교주로 존경하여 그나마도 일주일 한 번씩 교회당에 와서 면회하는 정도의 신앙이다. 위에 말한 시몬과 같은 마음을 그대로 가진 태도이다.

우리가 주님에 대하여 마음을 부드럽게 가질 수 있는 것은 실로 축복받은 마음일 것이다. 마치 중병자가 자기를 치료하여 주는 의원을 대할 때에 부드러운 마음으로 신뢰와 기대를 기울여 영접하듯이, 또 현숙한 여성이 자기를 이끌어 주는 남편을 영접하듯이, 부드러운 마음으로 하는 듯하여야 할 것이다. 예수님은 우리의 길이요, 진리요, 생명이시다. 시몬 베드로의 대답대로 "주여 영생의 말씀이 계시매 우리가 뉘게로 가오리이까. 우리가 주는 하나님의 거룩하신 자신 줄 믿고 알았나이다" 이는 진실로 교회의 반석이 될 만한 마음의 태도이다.

그 당시 삭개오는 세리여서 사회와 동족들에게서 소외되고 천시받았던 사람이다. 그러나 그 마음만은 축복받았다. 예수님께서 그 밤에 삭개오의 집에 유하시겠다는 말씀을 듣고 저는 "기뻐하여 영접하였다"라고 성서는 말하였다. 얼마나 부드러운 마음 태도이었던가. 그 마음으로 주님의 교훈을 받았을 것이니 오죽이나 성실하였으랴. 하룻밤 동안에 말씀의 사람, 진리의 사람이 되어 "삭개오가 서서 주께 여짜오되 주여 보시옵소서. 내 소유의 절반은 가난한 자들에게 주겠사오며, 만일 뉘것을 토색한 일이 있으면 네 배나 갚겠나이다" 예수님은 저를 칭찬하시기를 "오늘 구원이 이 집에 이르렀으니 이 사람도 아브라함의 자손이로다" 마음 부드러운 자의 행복이여!

3) 성령을 주시는 은혜 – "또 내 신을 너희 속에 두어 너희로 내 율례를 행하게 하리라"(:27)

하나님은 이스라엘 백성의 심령에 성령을 부어 주시겠다는 말씀이다. 새 마음을 주시고 부드러운 마음을 주시는 것은 결국 성령의 은혜를 받게 하시려는 준비 단계라 볼 것이다. 하나님의 여러 가지 축복 중에도 가장 중요한 것은 성령의 은혜이다. 이것은 하나님 자신을 주시기 때문이다. 하나님은 성령을 주시어서 우리 인간들에게 하늘의 생명이 있게 하시는 것이다. 그러므로 다른 은혜는 모두 갖추어 받았다 할지라도 성령, 곧 "그리스도의 영이 없는 사람은 그리스도의 사람이 아니라"라고 성서는 말하고 있다(롬 8:9).

가) 성령을 받아야 하나님의 뜻을 행하게 됨

이제 읽은 본문에 "나의 신을 너희 속에 두어 너희로 내 율례를 행하게" 하시겠다는 것이다. 여기에 하나님의 성령을 주시는 목적이 명시되었는데, 곧 하나님의 율례를 행하게 한다고 하였다. 내 기분이 쾌활하고, 감정이 상쾌하여지는 것이 아니다. 경건하게 하나님의 뜻을 행하게 되는 일이다. 우리 주님은 말씀하시기를 "이러므로 그의 열매로 그들을 알리라 나더러 주여 주여 하는 자마다 천국에 다 들어갈 것이 아니요 다만 하늘에 계신 내 아버지의 뜻대로 행하는 자라야 들어가리라" 하셨는데 무엇보다 하늘 아버지의 뜻을 행하는 일이 중요하다. 그런데 육신을 가진 자들이 어찌 하나님의 뜻을 행할 수 있을 것인가. 바울 사도는 말하기를 "육신의 생각은 하나님과 원수 되나니 이는 하나님의 법에 굴복치 않을 뿐만 아니라 할 수도 없음이라"라고 했고, 또 말하기를 "영을 쫓는 자는 영의 일을 생각한다"라고, 즉 성령 받은 사람은 누구보다도 하나님의 뜻을 행할 수 있는 지혜와 능력을 가지게 된다는 말이다. 혈육 본위의 인간에서 영의 사람이 되고, 자기본위의 인간에서 하나님의 사람이 된다는 것이다. 하나님의 기뻐하시는 사람이 된다는 말이다.

나) 우리의 품성이 도덕적으로 변화된다.

성서에서는 사람의 마음을 만물보다 거짓되다고 했다(렘 17:9). 세례요한은 당시 사람들을 독사의 자식이라고, 예수님은 또 이리라고 하신 적이 있다. 혹자는 생각하기를 모두 너무한 말들이 아닌가 하여 불쾌하게 여길 것이다. 그런데 인간이 보통 때에 보아서는 그렇지 아니할 것이다. 자녀들을 사랑하고 친구들과 즐거움을 나눌 때 보아서는 다시 더할 것 없는 성자들이다. 약한 자를 동정하는 데에는 무한 자비하다. 단상에서 애국애족을 외칠 때에는 모두 선량 자들이다. 그러나 누구나 그 이권을 침해하든지, 어떤 일로 악감정에 충격이 오게 되면, 그리고 또 어떤 정욕이 일어나게 되든지 하면, 그처럼 성자 풍이던 태도는 간 곳없고, 홀연 독사의 악독함이 나오고, 이리의 잔인성이 나오게 되고, 여우의 교활함이 나오게 된다. 친자, 부부, 친구, 형제도 언제 보았더냐? 하는 식으로 나오게 된다. 악마의 심성 그대로 폭로된다. 사람들이 창조될 최초에는 하나님의 형상대로 조성되어서 그처럼 진실로 선하고 진실로 의로운 심령들이었는데, 일단 타락한 후에는 선한 품성도, 순수한 애정도, 숭고한 정의심도, 모두 변질되어 전적으로 이기심으로 바뀌게 되고 말았다. 이제는 이기심, 그것이 인류의 본심이 되고 말았다.

그러나 실망할 것은 없다. 하나님은 자신의 신, 성령으로 역사하신다. 우리가 알아둘 것은 하나님의 역사하심은 선하고 아름다운 데를 찾아 활동하시는 것이 아니라, 추하고 악한 데를 따라 당신님의 일하실 터전으로 삼으신다. 창세할 당시에도 "혼돈하고 공허하고 어두움에서 활동하시어 광명하고 정연한 데에 이르게 하셨다. 그리고 또 저녁에서 시작하여 아침에 이르렀다."(창 1:25) 다시 말하여 하나님은 선인을 찾아 일하시는 것이 아니라, 악하고 더러운 심령, 거기를 당신의 일하실 터로 여기시어 활동을 전개하신다. 아무리 악하고 어두워도 하나님의 활동에는 희망이 있다.

우리가 성령에 접촉되면 위축되었던 영이 커지는 것을 깨닫게 된다. 동시에 죄 중에서 출생한 우리의 본성에 도덕적인 기적을 행할 수 있는 능력을 주신다. 그래서 "원하는 바 선은 하지 아니하고 도리어 원치 아니하는바 악은 행하는", 그리고 속에 거하는 죄의 세력에서 해방된다. 원한과 증오, 투기, 분노, 등 영혼의 질환은 간곳없어지고 진실로 의롭고, 진실로 선한 본성으로 회복케 된다. 따라서 그 생활에서는 사랑, 희락, 화평, 인내, 자비, 양선, 충성, 온유, 절제의 열매를 맺게 된다(갈 5:22).

우리의 구원은 자기의 마음에 구원 얻었다고 생각하는 것도 아니요, 또 두뇌로 그런 줄 알고 있는 것도 아니라 사실로 구원이다. 즉 악한 마음이 선함으로 바뀌게 되고, 옛 사람을 벗고 새 사람을 입는 것이다. 여기에 구원의 열매가 온전하여지는 것이다. 기독교는 신학도 아니요, 사상도, 아니요, 또 극기의 행동도 아니라, 심령의 사실이다. 영혼의 개조이다.

이상은 하나님의 여러 가지 축복 중에 최상 되는 바를 말하였다. 다른 외적인 데에 비하여 이것은 내적의 축복이다. 다른 축복은 현재적인 데에 비하여 이것은 현재와 영원한 세계를 통하여 주어진 축복인 까닭이다. 그렇다고 나 자신이 결심하여 가지는 것은 아니다. 그렇게는 될 수 없는 것이다. 어떤 이는 생각하기를 사람은 선한 환경에서 선한 마음을 얻어진다고, 그래서 선한 환경을 만나지 못한 것을 큰 불행으로 여긴다. 그러나 그리스도교에서는 환경을 의존하지 아니한다. 어떠한 환경 속에서도 하나님의 축복을 기대하고 있다. 기독자들은 이 죄악의 땅에서도 하나님의 심령 상 축복을 사모하면서 기원한다. 그래서 은혜받은 결과는 자기의 어떤 행복에 그치는 것이 아니라 성경에 말한 대로 "너희는 내 백성이 되고 나는 너희 하나님이 되리라"(:36). 하나님과의 관계가 이렇게 올바르게 되어 하나님께 영광이요, 기쁘심이 되는 것이다.

13

자연에의 배움

본문: 시편 19:1-6

　이 시는 다윗이 목동 시절에 양 떼를 지키면서 창공의 무수한 별들의 휘황한 광경을 바라보면서, 또 아침에 맷돌짝 같이 동천에 떠오르는 태양의 용모와 자태를 보면서 느끼고 얻은 감상에서 지은 것임을 알 수 있다. 사상이 호쾌하고 운치가 숭고한 실로 아름다운 시이다.
　사람들은 이기심으로 자기의 세계를 만들어 왔고, 만들어 간다. 그곳은 협착일 것이요, 쇠약일 것이요, 고의적일 것이요, 암흑이기 쉽다. 그래서 하나님은 우리로 거기에서 해방되어서 넓어지게 하도록 자연의 시에서 배우게 한다.

1) 별들에서 본 감상

"하늘이 하나님의 영광을 선포하고 궁창이 그 손으로 하신 일을 나타내는도다. 날은 날에게 말하고 밤은 밤에게 지식을 전하니 언어가 없고 들리는 소리도 없으나 그 소리가 온 땅에 통하고 그 말이 세계 끝까지 이르도다"

여기에 하늘이니 궁창이니 하는 것은 천체 전부, 성좌(星座: 별들의 자리)의 일체를 가리키는 것이다. 목동이었던 다윗은 삼라만상(森羅萬象: 우주 사이에 펼쳐져 있는 온갖 사물과 모든 현상)이 잠든 밤에 밝고 맑은 궁창인 하늘을 쳐다보면서 거기에 떠 있는 무수한 별들을 통해 감탄하고 있다.

가) 하나님의 영광을 선포하는 별들

바울은 별들의 영광이 각각 다르다고 하였는데(고전 15:41) 마치 은가루를 뿌려 놓은 듯한 이루 다 헤아릴 수 없는 궁창에 달린 무수한 별들이 제 각기 다른 영광을 가져 있으면서도 일치하게 하나님의 영광을 나타내고 있다. 사실 밤 깊은 조용한 때에 밤하늘을 자세히 쳐다보면 볼수록 그 숱한 별들이 과연 엄숙하게 무슨 신비성을 품고 속삭이고 있는 것만 같다. 다만 거저 반짝이고 있는 것이 아니라 하나님 창조의 위대하신 능력을 보여주고 있다. 밤마다 그렇게 하기를 수천만 년을 계속하면서 지식을 전한다. 이것을 볼 줄 아는 사람에게는 누구나 창조주의 위대하신 능력을 감탄치 않을 자 없을 것이다. 나폴레옹이 야간행군하는 중에 휘하 장교들이 참으로 하나님이 있느니 없느니 이론이 분분하였을 적에 나폴레옹은 창공의 무수한 별들을 가리키면서 하나님이 아니 계시다면 도대체 저 모든 별은 누가 만들었느냐고 하는 말은 너무나 유명한 말이다.

또 철학자 칸트의 묘비에 새겨진 말도 깊이 음미할 필요가 있다. "내 머리 위에는 별들이 반짝이고 있고, 심중에는 도덕이 빛나고 있다"라고 하였는데 저는 천상과 천하, 대자연을 통하여 달관(達觀: 인생의 진리를 꿰뚫어 보아 사소한 일에 집착하지 않고 넓고 멀리 바라봄)에 이르렀다고 볼 수 있다. 우리가 머리 위를 쳐다볼 때는 무수한 별들이 있어 하나님의 창조 영광을 나타내고 있는가 하면, 땅을 바라볼 때는 무수한 인간들이 도덕적 이성의 광휘(光輝: 환하고 아름답게 빛남)를 발하고 있다. 별들은 하늘에 있어 보이지 않는 태양의 광선을 받아 반사작용을 하는 것일진대 인간들은 하나님의 형상대로 조성함을 받았고, 특히 그리스도인은 의의 태양이 되시는 예수 그리스도의 은혜와 진리의 광휘를 받아 새로이 조성된 영적 존재이니만큼 하나님의 영광을 이 땅에 비춰주는 빛의 아들들이다. 별들은 하늘 위의 별 무리라면, 우리는 이 땅 위의 별 무리다. 성령의 광휘와 진리의 광휘가 천상

천하에 합일하여 이 날이 저 날에게, 이 밤이 저 밤에게 하나님의 영광을 전하고 있다. 그런데 별들은 보기에 대소의 차이는 있을지언정 희미하게 빛을 발하는 것은 하나도 없다. 모두가 자신만만한 듯이 명확하다. 똘똘하다. 이같이 우리의 심령도 신앙이나 소망이 희미함이 없이 명확할 것이며, 자신만만하여야 할 것이다.

나) 침묵하여 위대한 인격자 같은 별들

별들의 특징은 언어가 없다. 소리도 없다. 말하자면 침묵한다. 그러나 소리가 온 땅에 들리고, 그 말이 세계 끝까지 이르게 된다. 소리도 없이 고요하게, 그 얼굴을 창공에 나타내어 할 일을 다하고 있다. 천박한 인간들은 어떤 일을 하려면 반드시 말에 있는 줄로 생각한다. 그리하여 말 공부를 한다. 바울 사도는 말하기를 천국은 말에 있지 않다고 했다. 위대한 인격자는 말을 드물게 한다. 예수 그리스도의 인격을 예언하기를 "그는 외치지 아니하며 목소리를 높이지 아니하며 그 소리로 거리에 들리게 아니한다"라고 하였다(사 42:2). 노자는 말하기를 "아는 자는 말하지 아니하고 알지 못하는 자는 말한다"(知者不言, 言者不知)라고 하였다. 서양 격언에 "웅변은 은이요, 침묵은 금"이라고 하였다. 별들은 무언이다. 사실도 침묵한다. 그러면서도 하나님의 영광을 우리에게 웅변적으로가 아니라 그 이상으로 우리에게 증거가 되어 준다. 웅변가도 말 공부를 하고, 정치가들도 말 공부를 한다. 그러다가 인격을 팔아먹으면 어찌 되나, 침묵하면서도 인격적으로 일하여야 한다는 것을 별들은 우리에게 보여주고 있다.

또 별들의 수는 헤아릴 수 없이 무수한데, 그래서 거기에 대해 아무리 깊이 연구한 전문가라도 그것을 상세히 다 알 수는 없다. 그런다고 하여서 별들은 거기에 대하여 불평하고 불만하는 일은 없다. 그러면서 꾸준히 저의 위치에서 그대로 빛을 발하고 있는 것 아닌가. 별들은 실로 위대한 인격자와도 같다. 공자도 논어에서 "사람이 알아 주지 못하여도 서운해하지 아니하는 것이 군자가 아니냐?"(人不知而不慍, 不亦君子乎)고 했다. 인격자는 누군가 알아주지 아니하여도 다른 사람의 인식을 요구하지 아니한다. 동시에 다른 사람의 권장도 요구하지 아니한다. 혼자서 빛을 발하고 혼자서 밝다. 랄프 왈도 에머슨은 "세상이 너를 오해하는 것은 중요치 않다. 중요한 것은 네가 스스로를 오해하지 않는 것이다."라고 하면서 주변의 평가보다는 내면의 소리에 귀 기울이라는 메시지를 남겼다. 별들도 실로 위대한 인격을 상징하였다. 저들은 혼자서 만족하고 혼자서 기뻐하고 혼자서 할 일 하는 인격자와도 같다. 이것이 예수로 하여 사는 기독자의 신앙 태도이다.

2) 해에서 본 감상

이는 낮의 광경, 특히 아침의 노래일 것이다.

가) 신랑과 장사로 묘사된 해

해는 그 방에서 나오는 신랑과 같고, 그 길을 달리기를 기뻐하는 장사 같다고 했다. 멋지고 건강한 신랑이 평생을 두고 사랑할 자, 그 신부를 맞이하기 위하여 자기 방에서 나오는 그 모습 얼마나 늠름하고 기쁘고 화평한 얼굴이었을까. 해는 이같이 웃음기 가득한 기쁜 얼굴로 올라오는 것이다. 또 수천만의 군중들이 에워싸 바라보는 중, 영광의 면류관을 쟁탈하기 위하여 박수를 받으면서 경기장으로 나오는 장사와도 같은 실로 자신만만한 용맹한 용자의 묘사이다. 금강산 유람객들의 말에는 비로봉에 올라 동해상의 해 올라오는 광경을 보는 것은 장관 중, 장관이라고 한다. 그것이 수평선에 결연하게 올라설 때 누구의 제약이나 제지도 받지 아니하고 당당하게 자유와 용기, 그러면서도 평화와 기쁨의 얼굴로 자신만만한 듯한 모습, 우리들의 위약한 영혼을 고무하여 주려고 환하게 떠오른다. 과연 자연 숭배자들이 거기에 무엇이나 있는 듯이 보아 숭배할 만도

한 존재이다. 고무받는 우리들은 창조하신 하나님에게 의지할 것뿐이요, 누구에게 의존할 것 없고, 비열하게 굴 것도 없고, 위약할 것도 없고, 자유요, 독립적인, 그러면서도 평화의 정신이 일으켜진다. 천연(天然: 하나님이 창조하신 세계)은 역시 우리를 길러주는 유방(乳房)이라는 누구의 말이 진리인가 싶다.

나) 만물에 은택을 입혀 주는 해

하늘, 이 끝에서 나와서 하늘 저 끝까지 운행함이여, 그 온기에 피하여 숨는 자 없도다

해는 우리에게 용기를 고무하여 줄 뿐만 아니라 만물에 은택을 입혀 준다. 무엇이던 "그 온기에 관하여 숨는 자 없다." 어떤 사람이 자기를 탄식하기를 나는 봄바람으로 사람에게 바람 노릇 못하였고, 여름비로써 사람에게 비 노릇 못하였다고 하였다. 해는 실로 그 빛과 온기로써 만물에 해 노릇을 한다. 세상에서 참 풍류를 말하라고 한다면 태양일 것이다. 태양은 인자하고 위대한 인격과도 같아, 주는 것을 받는 것보다 복되게 여기는 것이다. 망은배의(忘恩背義: 받은 은혜를 잊고 의리를 져버리고 배신함)한 세상에서 보상도 치사도 없건만, 그래도 해 노릇을 한다. 때와 장소와 사정을 가리지 아니하고 은택을 입혀 준다(마 5:45). 따뜻

한 봄이 오면 만물들은 그 화조(和照: 온화하고 따스한 빛)를 받아 즐겨 소생하고, 열기의 여름날에는 만물이 기운차게 육성되고, 가을에 쪼이는 날씨에는 만물이 성숙한다. 그러다가 겨울이 닥쳐오면 눈구름에서 잠숙(潛宿: 굴속에서 평안하게 쉼)하였던 야수들은 아침 해를 즐겨 맞이하고, 냉방에서 잠숙하였던 빈민들은 종일토록 햇볕 잔치에 얼었던 몸을 녹인다. 석양이 되어 작별을 애수(哀愁: 마음속 깊이 스며드는 슬픔이나 시름)하게 여기는 자들에게는 내일을 약속하고, 서산을 넘어 서반구의 빈민들을 찾아간다. 이같이 동에서 서로, 서에서 동으로, 온 세계를 운행하면서 보편적으로 은택을 입힌다. 이같이 운행하여 해는 휴일도 없다. 그 온기에 숨은 자 없다. 혜택을 받지 못한 자 없다. 그래서 하나님의 아들 된 우리에게 저를 창조하신 하나님의 마음을 알려 주는 것만 같다. 우리에게 하나님의 넓고 사랑하는 마음을 받아 너희도 남에게 은택 입히면서 살아야 한다는 듯이 보여주고 있다. "빛은 실로 아름다운 것이라 눈으로 해를 보는 것이 즐거운 일이로다"(전 11:7). 우리가 해를 볼 줄 알게 되면 얼마나 즐거우며 얼마나 행복이 될까.

이상 별들, 그리고 해를 통하여 배웠다. 길이요 진리요 생명이신 예수님 자신을 주시며 우리에게 한없이 누리게 하시고, 동시에 대자연을 우리에게 주시어 한껏 누리며, 한껏 배우게 하신다. 그래서 더 밝아지고 더 높아지고 더 넓어지고 더 위대하여지게 하신다.

14

주님을 위하는 것이라면

본문: 로마서 14:7-9

사람들의 믿음의 출발은 대개가 자기를 위하여, 즉 구원 얻기 위하여 시작한 것이다. 그러다가 점차로 신앙이 자라게 되면 주님을 사랑하고 주님을 위하여 봉사하고자 하는 마음이 생겨서 고난을 참아가면서 수고를 무릅써 가며 봉사한다. 주님은 이러한 자의 섬김을 기뻐 받으실 것이다. 여기에서 이상한 봉사의 사건 두 가지를 생각하련다.

1) 예루살렘에까지 예수님을 모셔 온 나귀 새끼(마 21:1-11)

예수께서는 전도 여행으로 가이샤라 빌립보에까지 가셨다가 마지막 유월절을 위하여 예루살렘으로 회정(回程: 돌아옴)하시었다. 원거리의 도보여행이니만치 매우 피로하셨을 것이요, 특히 여리고에서 감람산까지는 사천 척가량 높은 경사의 길을 올라 가는 것인데 피로를 견디고 참으시면서 간신히 벳바게까지 오시었다. 예루살렘까지 약 십 리 길을 남겨두시고, 제자들을 건너 마을로 보내어 나귀 새끼를 끌고 오게 하신다. 제자들이 겉옷을 나귀에 펴니 예수님은 나귀를 타시고 예루살렘에 들어오셨다.

나귀는 율법상으로 버림의 짐승이다(출 13:13). 사실로 그 짐승은 성격이 괴망(怪妄: 괴상하고 망측함)스럽기까지 하다. 그러나 그런 짐승도 주님에게 붙들려서 임시로라도 굴레를 씌웠을 것이다. 전에는 버림의 짐승이었으나 이제는 주님께 가장 요긴한 존재가 된 것이다. 주님은 나귀로 말미암아 피로가 가셨고, 일순 평안을 느끼면서 예루살렘에까지 오신 것이다.

여기에 중대한 진리가 담겨있으니 우리도 율법상으로 보든지, 성격이나 행위상으로 보든지, 하나님께 버림받았던 인간들이다. 그러나 주님께 붙들려 진리로 굴레를 쓰게 되면, 주님께 가장 긴한 존재가 되는 것이다. 주님을 모시고 새 예루살렘에까지 올라가게 된다.

사랑의 가치는 지금이다. 전에 악하였던 사람이라도 지금 그 악에서 떠나면 선한 사람인 것이요, 전에 선한 사람이라도 현재 악에 빠졌으면 악인이다. 성서에 말한 "선인이 범죄 하는 날에는 그 의가 구원치 못할 것이요, 악인이 돌이켜 그 악에서 떠나는 날에는 그 악이 그를 엎드러뜨리지 못할 것"이라 하였다(겔 33:12-16). 영원한 하나님도 현재의 하나님이시다.

  사람은 교회에 출석하면서도 예수님께 붙들리지 않으려고 한다. 될 수 있는 대로 진리의 굴레를 쓰려고 아니한다. 거저 맨발로 예수님께 온다. 나 자신도 교회에 다니기는 했지마는 예수에게 붙들려서 몸을 그에게 드려 그를 모시려 아니하였다. 예수께서 나를 붙들어 진리로 굴레 씌우시느라고 마음 쓰신 것을 생각한다. 그러나 이제는 진리를 따라 사는 생활이요, 주님을 위하는 생활이 되었다. 만일 나의 생애에 예수님께 붙들리지 아니하였다면 무신론자, 소망 없는 자가 되었을 것이다.

  삭개오의 예를 통해서도 확실히 알 수 있다. 예수님은 저를 붙드시고 나서 오늘 구원이 이 집에 이르렀으니 이 사람도 아브라함의 자손이로다. 인자의 온 것은 잃어버린 자를 찾아 구원하러 왔노라고 하셨다. 우리도 붙들리면 예수님 위함이 된다. 몸으로 그를 모시는 자 된다. 주님은 쉬시게 된다.

2) 구레네 시몬이 진 억지 십자가(마 27:32)

예수님은 사형 선고를 받고 십자가를 지시고 형장으로 나가시는 도중이다. 짐작건대 그동안 너무 힘에 겹고, 지쳐서 십자가를 지고 가다가 거꾸러지시기를 자주 하셨을 듯하다. 처음에는 거꾸러진 예수에게 병정들이 때리고 발길로 차고 하여 보았으나 연방 거꾸러지는 것을 보자 호송하는 병정들은 도리어 민망히 여겨 마침 구레네 사람 시몬이 지나가는 것을 붙잡아 예수의 지셨던 십자가를 억지로 지우고 형장에까지 갔다. 그러기 때문에 예수님은 시몬에게 미안하기도 하셨지마는 도움이 되시어 한줄기 위안을 받으시었을 것이다. 베드로나 요한도 못하는 일을 시몬은 예수님을 위하여 하게 되었다. 예수께서는 이따금 저를 돌아보시며 암암리에 축복하셨을 것이다. 시몬도 나중에는 하나님의 아들 예수님이신 줄 알아 사랑하고 위하여 드리는 마음이 생겨 지워져 있는 십자가도 무겁지 않게 지고 따라갔을 것이다.

거룩하시고 절대 선하신 하나님의 아들이 오시매 세상이 감당치 못하여 저를 십자가에 못 박아 죽이었다. 이것은 세상은 너무 악하다는 것 불의하다는 것을 증명함이 된다. 이러한 세상에서 예수님을 따라 옳게 살고 바르게 살려면 자연히 고난이요, 고독이요, 아픔이다. 이러할 때 우리는 어떻게 할까. 예수님 말씀하시기를 자기를 부인하고 십자가를 지고 나를 쫓으라 하셨다. 십자가는 가정에도 있고, 교회에도 있고, 직장에도 있다. 고난과 수고와 어려움을 받으라는 말씀이다. 예수님을 사랑하는 마음으로 참고 견디고 용기를 내라는 말씀이다. 이러한 어려움을 참고 견디는 데에서 인격이 깊어지고 영혼이 빛나는 것이다. 그런데 많은 사람이 영광의 주는 서로 따르려 하지만 십자가의 주님은 따르려 아니한다. 따라가다가도 십자가를 버리기 일쑤다.

이스라엘 백성이 유월절에 양의 고기와 쓴 나물을 까닭도 모르고 먹으면서 의식을 지켰다. 광야에서의 쓰디쓴 생활이 닥치게 될 때 모세를 원망하였다. 원망과 불평을 하다가 광야에서 죽고 말았다. 그러기에 쓰더라도 삼켜야 한다. 이것이 시몬과 같이 예수님의 도우심이 된다. 믿음이 있는 사람은 가정에서도, 교회에서도, 고난을 달게 받는다. 그리스도교는 말만 아니라 몸에 십자가를 지는 종교이다. 주를 위하여 고생과 수고를 몸에 지지 않는 곳에는 기독교가 아니고, 예수님은 없다. 십자가를 지지 않는 기독자는 거짓 기독자이다. 일편단심 주님을 사랑하여 용기를 내야 된다.

사람의 행복에 들어가는 길은 더 큰 희생을 하여서 더 큰 행복에 들어가는 것이다. 행복은 물건을 얻는 것이 아니라 주님을 위하여 버리는 데에서 온다. 우리는 우리의 가진 큰 것, 곧 자기를 버리면서 행복에 들어간다. 행복에 들어가는 길은 쉽다. 주님은 성령으로 도와주신다.

결론적으로 말할 것은 기독교가 오늘과 같이 번성하여지게 된 것은 이천 년 동안 그리스도를 사랑하고 위하는 수많은 성도가 주님께 붙들려 몸을 드렸고, 주님을 위하여 십자가를 지고 자기를 버린 생활을 한 헌신 때문일 것이다. 오늘날에도 주님을 위하는 일이 된다면 어떠한 일이라도 불사하여야 한다.

15

예수 그리스도에게서 보이는 광명

본문: 요한복음 14:7-10, 빌립보서 2:5-8

　예수 그리스도에게서 은혜를 말한다면 물론 대속하여 주신 은혜일 것인데, 여기에서는 그 이외의 광명을 몇 가지 생각하련다. 인생에게는 자기도 모르는 본능 속 깊은 욕구가 있으니, 그것은 하나님께 대한 사모요, 다음으로는 악에서 떠나 선에 이르려는 욕구이다. 이런 욕구만 해결되면 그 인생은 만족할 것이다. 그야말로 행복일 것이다. 그런데 이 문제 해결은 예수로 말미암아 광명이 왔으니, 예수께서는 인류들에게 하나님은 어떤 분인 것을 알게 하셨고, 또 사람들이 각자의 심령을 개발하여 선에 이르는 지침을 보여주셨다. 이것으로 인류에게는 그런 심절(心折: 마음이 꺾임)한 요구가 해결된 것이다.

1) 예수로 말미암아 하나님이 보임

　인류에게 큰 불행이 있다면 그것은 빈곤도 아닐 것이요, 질환도 아닐 것이다. 그것은 하나님과의 관계가 소원(疎遠: 관계가 서먹해지고 멀어짐)해진 결과이다. 인류는 대체로 스스로 하나님께 큰 두려움을 갖게 되어 멀어지게 되었다. 이는 자신들이 범죄자의 입장에서 자책감, 자격지심으로 비롯된 감정일 것이다. 아담과 하나님과 관계에 있어도 알 수 있으니, 한 때에는 다시 더할 수 없는 친근(親近: 절친하여 매우 가까운 사이)이었을 것인데 일단 죄를 범한 후에는 하나님께 대한 두려운 감정이 앞서 무화과 나뭇잎으로 몸을 가렸고, 그래도 부족하여서 나무숲 사이에 몸을 숨겼다. 그래도 하나님은 사랑하시어 찾아 부르시건마는 그 음성이 반갑기는커녕 새로이 두려움이 생겼다. 얼굴을 감히 내어 놓지 못하였다.

　이와 마찬가지로 인류가 죄인의 처지에서 이러한 두려움에 걸려 있다. 그 결과로 스스로 하나님과 소원 돼 있으니, 이것은 하나님의 뜻이 아니다.

　아담을 범죄 중에서 긍휼히 여기어 찾으시는 하나님은 오늘에도 인간을 사랑하시어 찾고 계신다. 하나님은 사람을 기뻐하신다. 무조건의 평화를 선포하시고(눅 2:14 참조) 독생자를 주셨다(요 3:17). 그래서 인류로 하나님을 기뻐하

게, 즉 두려움을, 하나님 사랑하는 마음으로 바뀌게 하심
이다(롬 5:1-11).

　말하자면 인류에게 있어 불행이라 할 것은 결국 하나님
께 대하여 알지 못하는 데에서 오는 것일 것이다.

　예수님이 세상에 오심은 우연한 일이 아니다. 그는 두려
워하고 있는 인간들에게 사랑의 하나님을 계시하시러 믿는
도리의 사도로(히 3:1-) 오셨다. 하나님의 아들이 육신을
입어 세상에 오셨으니 그 안에는 신의 모든 충만이 육체에
거하심이 되셨다(골 2:9). 그는 바로 하나님이시다. 하나님
이시면서 하나님을 찾는 자에게 대답하시기를 "나를 본 자
는 아버지를 보았을 것이다. 나는 아버지 안에 있고 아버
지는 내 안에 계심을 믿으라."(요 14:8-11) 하셨다. 아버
지는 바로 예수 같다는 것이다. 그래서 그가 하나님을 증
거 하심에서도 말로 설명하여 알게 하시는 것이 아니라 실
제 생활로 하나님을 보이셨다. 이것은 같은 하나님이 아니
고는 할 수 없는 특이한 증거이다. 즉, 그가 세상에 오셔
서 생활하시고 행동하신 것은 바로 하나님이 인류에 대한
태도, 그것이라는 말이다. 즉 인류를 사랑하시는 아버지
되시는 하나님이 사랑의 마음을 보여주심이었다.

　우주를 창조하신 주재자이시지만 사람 무릎 아래에서 냄
새나는 제자들의 발을 씻으시는 분이시다. 아무리 천사들

이지만 얼굴과 발을 가리지 않고는 감히 그의 앞에 설 수 없으리만큼 거룩하시지만 죄인의 세상에 오셔서 죄인과 함께 먹고 죄인의 벗이 되어 주시는 분이시다. 아무리 조촐한 길이지만 소경 거지 같은 한미(寒微: 형편이나 지체가 구차하고 변변하지 못함)한 자의 기도라도 들어주지 않고는 그 발이 땅에서 떨어지지 아니하시는 분이시다. 죄를 슬퍼하여 크게 뉘우치는 자의 죄를 용서하시는 분이시다. 당신에게 나아온 자를 굶겨서 돌려보내면 중도에서 기진할까 염려하여 먹여 보내시는 자비하신 분이시다. 천만인을 일시에 양육하실 수 있는 능력이 있지만 자신의 갈증은 해결치 못하시는 분이시다. 자기를 위한 사사로운 분노가 없고, 사사로운 욕심이 없고, 무한 사랑이요, 끝없는 자비시다. 지혜가 크시지만 사랑이 더욱 크시었다. 투기 없고, 원망 없고, 상한 갈대를 꺾지 아니하고, 꺼져가는 등불을 끄지 아니하시는 분이시다. 우주 만유를 초월하여 계시지만 이러한 여성적 온유함을 지니고 계셨다. 이 모든 생활은 예수의 일에 대한 기록이지만 동시에 하나님의 생활하시는 마음 태도이다. 사람들이 생각하기를 하나님도 예수 같았으면 좋겠다 한다. 그렇다. 본래 하나님을 본 사람이 없으되 아버지의 품속에 있는 독생하신 하나님이 나타내셨다고 기록된 그대로이다. 바울은 말하기를 "사람의 사정을 사람의 속에 있는 영 외에는 누가 알리요, 이와 같이 하나님의 사정도 하나님의 영 외에는 아무도 알지 못하느니라" 하였는데 이 말대로 보면 하나님의 품속에 있는 독생하신 하나님이야말로 하나님을 우리에게 나타내기에 가장 적격일 것이다. 예수께서 말씀하시기를 "나와 아버지는 하나이라"(요 10:30) 하셨는데 예수는 땅 위의 하나님이시라면 하나님은 하늘 위에서 예수시다. 예수의 말씀과 태도는 곧 하늘에 계신 하나님의 그것이다. 예수는 또 말씀하시기를 "나를 알았더면 아버지도 알았으리라"(요 8:19) 하셨다. 예수로 말미암아 우리는 하나님을 알게 되었으니, 예수의 아버지이신 하나님은 두려워할 분이 아니라 사랑하실 분이다. 그는 또한 우리를 사랑하시는 분이어서 사랑의 아버지시다. 우리는 그에게 소망이 있다.

2) 예수로 말미암아 인간 품성의 표준이 보임

사람은 자기의 마음대로, 자기가 좋아하는 대로 아무렇게나 살아서는 안 된다.

사람의 생활이니 만치 길과 표준이 있어야 한다. 그런데 우리 품성의 표준을 찾으려면 어디로 가야 하나. 인(仁)을 주장하는 공자에게로 갈 것인가, 자비를 말하는 석가에게로 가야 할 것인가, 그 외에 어느 철학자에게로 가야 하

나. 그들도 모두 훌륭한 인물들이다. 그러나 인간의 참다운 품성의 표준이 될 자는 아무래도 예수 그리스도일 것이다. 어떤 이가 말하기를 인류의 역사에 참사람이라고는 오직 한 사람뿐이니 그는 예수 그리스도이시다. 그 외에 수많은 사람이 왔다 갔지만 모두 변질된 인간들이라 하였다. 즉, 최초에는 영적인 것으로 지음을 받았던 것인데 인류가 타락함으로 모두 육의 사람으로 변질되고 말았다는 말이다. 그래서 성서에서는 그리스도의 형상이 다시 너희 속에 이루어져야 하겠다고 한 것이다(갈 4:19).

예수 그리스도의 품성에 대하여 우리는 포괄적으로 한마디 말로 표현할 말을 찾지 못한다. 부득이 말하게 한다면 그는 선하시었다 할 것이다. 그는 세상에 있는 동안 오직 선뿐이었다. 사람들이 그를 약하였다고 말할는지 모르는데 선하였으니 약하실 수밖에 없다. 다른 힘이 아니고 순전히 선하심으로 세상을 구원하신 것이다.

세계 여러 방면의 사상들을 생각하여 보면, 헬라의 철학자들은 "중용을 취하라, 너 자신을 알라" 로마인들은 "굳세어라, 너 자신을 정리하라" 불교에서는 "해탈하라, 너 자신을 멸하라" 유물주의에서는 "근면하라, 너 자신을 향락하라" 그리스도교에서는 "그리스도와 같이 되어라, 너 자신을 희생하라" 하였다.

인간들로서 그리스도와 같이 되는 일보다 더 높은 일, 더 좋은 일, 더 기쁜 일은 없을 것이다. 인류의 품성 표준은 누구에게 보다도 하나님의 아들 예수 그리스도이시다. 그리스도야말로 인간들의 품성에 유일의 표준이 되고, 세상 사람들의 모범이 되신다는 사실을 세계는 모두 인정하리라. 인간을 고상하다고 예찬할 때는 그리스도와 같다고 한다. 그래서 인도의 간디를 사람들은 한때 그리스도와 같다고 하였다.

공산주의 창시자 레닌은 말하기를 "나는 그리스도를 박멸한다. 그러나 예수 그리스도가 여기에 계신다면 나는 그의 앞에 엎드려 그의 제자가 되겠다"라고 하였다 한다. 그리스도교가 예수 그리스도에게서 나왔지만 오늘에 와서는 예수 그리스도와 그 교회가 거리가 있는 것을 말하는 것이다. 선교사들이 가져온 그리스도교는 사업적인 것, 의식적인 것, 인간적인 것이 아무래도 있을 것이다. 그것은 유감이라 아니할 수 없다. 우리는 교회에 안주(安住: 더 나아지고자 하지 않고 현재의 상태나 처지에 만족함)하지 말고 순전한 은혜와 진리인 그리스도에게로 가야 될 것이다. 바울은 외쳤다. "너희는 이 마음을 품으라 곧 그리스도 예수의 마음이다"라고. 우리의 심령이 예수 그리스도에게까지 이르도록 개발될 목표로 매진치 않으면 안 된다.

어떤 기독자는 선인이 되는 길을 말하였는데 "나는 노력하여 선인이 되고자 하여도 선인이 될 수 없다. 그러나 기도로 그리스도를 나의 마음에 영접할 때 비로소 내가 선인이 될 수 있다. 선인 되기는 쉬운 것 같으나 어렵다. 반면에 어렵게 보이나 쉽다. 그리스도를 알면 선인 되기가 쉽고, 저를 알지 못하면 선인 되기가 어렵다. 우리가 선인 되는 것은 그리스도를 마음에 모시는 그 일이 유일의 방법일 것이다.

"인간의 번잡한 길이 가로 놓이고,
종족들의 당파 싸움의 소리가 높고,
이기와 탐욕의 아귀가 횡행하는 세대에서
그리스도와 같은 성격으로 인생길을 걷는 목표로
지평선 극단에서 극단까지 쓸어봐도
어느 다른 누가 있나,
우리는 그리스도로 말미암아
황무지 같은 우리의 심령을 개발하여
고상케 되어 장미꽃과 같이 되게."
(작자 미상의 시에서)

이상은 예수 그리스도를 앎이요 동시에 하나님을 앎에

대하여 말한 것이다. 하나님은 우리에게 예수 그리스도를 알게 하시기를 노력하시고 예수는 하나님을 알게 하시기로 노력하신다. 왜 그런가 하면 영생이란 하나님을 알고 또 그 보내신 예수를 앎에 있기 때문이다(요 17:3). 곧 영생의 축복을 이루어지게 하는 은혜이다. 우리는 성령으로 말미암아 하나님을 알고 예수 그리스도를 받아 영생에 이르러야 할 것이다.

16

예수 십자가에 보이는 하나님

본문: 누가복음 23:44-49

하나님의 아들 예수그리스도는 당시 종교인들의 모략으로 십자가에서 사형받아 돌아가셨다. 이는 그 당시 사람들이 예수에 대하여 이해가 없어 그러한 것 같이 되었다. 그러나 그의 죽으심의 이유는 전혀 다른 방면에 있었다. 그것은 곧 하나님이 그렇게 하셨다. 성서에서 보면 예수의 죽으심은 하나님의 의사였다. 이 잔을 나에게서 지나가게 하여 달라는 예수의 기도를 물리치시고 그렇게 하신 것이다. 하나님은 무슨 까닭으로 그렇게 하셨을까? 여기에 중대한 진리가 있다. 그리스도교는 여기에서 나왔다. 이 사실을 통하여 우리는 하나님은 어떤 분이신지 잘 알 수 있다.

1) 의로우신 하나님이 보임

　의로우신 하나님이란 것은 죄와 불의에 대하여 절대 용납하지 아니하신다는 말이다. 하나님의 성격이 그러하시므로 자기를 거스르지 못하신다. 그러면 죄는 무엇인가, 도적질하는 것, 살인하는 것, 우상숭배 하는 것, 그런 행위의 죄가 있기 전에 먼저 정신의 일이다. 즉, 인류의 최초 범죄 동기를 보면 하나님께 복종치 아니하고 자기가 하나님처럼 되려는 데에서 시작되었다. 첫 사람들을 유혹한 사탄의 말을 보면 선악과를 먹는 날에는 눈이 밝아 하나님처럼 된다고 하는 데에서 여자의 허영심이 충동을 일으켜 범죄 한 것이다. 세계 인류는 이러한 원시인들의 죄의 성질을 유전 받아서 자기도 하나님과 같은 처지에 놓여 있게 되었다. 그래서 하나님에 대해서는 불필요하게 생각하거나 무관심, 외면하며 무시하기도 한다.

　이렇게 말하면 우리 중에서는 새삼스럽게 놀랄 사람이 있을 것이다. 내가 언제 하나님같이 되어 보려 한 적이 있었나, 하나님을 무시한 적이 있었나, 나는 그런 죄를 범한 적이 없다고 할 것이다. 혹은 그럴는지 알 수 없다. 그러나 좀 더 진중하게 생각하여 보라. 죄는 하나님을 범한 일이니, 하나님의 계명, 법도, 율례를 무시하고 유린한 것이다. 이것이 하나님 멸시가 아니고 무엇인가. 그중에는 알지 못하여 그런 일도 있겠지만, 알고도 그렇게 한 것이 얼마든지 있을 것이다.

다시 말하여 하나님의 뜻을 받아 내 생활에 반영시키는 충성이 없고, 그의 진리를 내 생애에서 살려 보려는 마음도 없다. 가정에서도, 교회에서도, 사회에서도, 자기의 이욕을 살리고 자기의 뜻을 살린다. 내 마음에 맞을 때는 하나님도 하나님이시지만 맞지 아니할 때는 자기가 나서고 만다. 그렇게 되고 보면 하나님이 하나님이 아니라 자기가 하나님 된 것이 아니냐. 바울의 말 한바 하나님을 하나님으로 알아 영화롭게 아니한다는 것이 되었다. 이것이 하나님 멸시가 아니겠으며, 하나님을 범한 것이 아니냐. 죄의 성질은 하나님께 대하여 교만이 아닐 수 없다. 예수께서는 이것을 패역한 세대라 하셨고, 예레미야는 사람의 마음은 만물보다 거짓되다고 한 것이다.

이러한 생활은 우리의 무의식중에서 일상적으로 예사로 하는 것이지만 하나님의 진리는 상하여지고 하나님의 권위는 떨어진 것이 된다. 하나님의 가슴에 아픔의 살을 쏜 것이다. 이러한 자들에게 어찌 심판이 임하지 않을 손가, 도적질이나 살인을 해야만 죄라고 생각하는 것은 아직 기독자의 마음은 아니다. 예수님이 나더러 주여 주여 하는자마다 천국에 들어갈 것이 아니라 하늘에 계신 내 아버지의 뜻대로 하는 자라야 천국에 들어간다고 하는 것은 하나님의 뜻에 따라 중점을 두고 하신 말씀이다.

그러면 하나님은 누구를 벌하실 것인가, 성서에는 의인은 없나니 곧 한 사람도 없다고 했는데 전 인류를 모두 벌하셔야 할 것인데 그렇게 할 수 없어 하나님은 죄를 알지도 못하는 당신의 독생자에게 전 인류의 죄를 지워 심판하시고 벌하신 것이다. 예수께 벌하신 것은 곧 당신의 의를 세우신 것이다. 예수의 고난에 동참한다는 말들이 있는데 어떻게 하는 것이 동참인지는 알 수 없으나 그보다도 자기의 죄를 용서받는 것이 시급한 일이다. 자신이 말할 수 없는 죄인인 것을 깨닫고, 하나님의 아들을 십자가에 못 박은 것은 자기의 죄인 것을 고백하고, 황송한 마음으로 회개하여야 할 것이다. 자기를 버려야 할 것이다. 당장에 심판받을 죄를 사면받아야 할 것이다. 그렇게 하면 구원의 절반 은혜는 받은 셈이 될 것이다.

혹 어떤 이들이 생각하기를 하나님은 의로워서 죄와 불의를 용납치 아니한다고 하지만 지금은 사람들이 하나님께 죄를 범하여도 하나님은 허물치 아니하는 것 같고, 벌하지 아니하는 것 같으니 아마도 하나님이 안 계신 것 아니냐고 한다. 나는 그렇게 믿지 아니한다. 지금은 하나님이 침묵하시는 때이다. 인간들의 죄악이 너무 만연하였기 때문에 하나님은 사람들의 하는 대로 방임하여 버린 때이다. 실로 하나님을 두려워 할 때는 바로 이때이다. 인간은 자기의 심판을 위하여 하나님의 무서운 진노를 쌓고 있는 것이다. 하나님의 인자하고, 관용하시고, 길이 참으심이 끝나면 진노의 날이 임하게 될 것이다. 그렇기 전에 회개하는 것이 현명한 일이다.

2) 사랑의 하나님이 보임

하나님이 우리에게 사랑을 나타내시는 일은 여러 방면으로 주신다. 혹은 건강으로, 혹은 좋은 가정으로, 혹은 재물로, 혹은 출세의 길로, 사람에 따라서 각기 적당하게 주신다. 이러한 사랑은 믿는 자나 믿지 않는 자를 막론하고 일반적으로 주시는 은혜이다. 일반적인 것 외에 하나님은 특수한 사랑을 나타내 주셨으니, 이것이 기독교가 된 것이다. 그것은 무어냐, 즉, 독생자 예수 그리스도를 우리의 죄 대신 십자가에서 처형하시고 우리에게는 사면의 길을 주신 것이다. 우리를 심판하시는 대신에 예수를 심판하시고, 우리에게는 구원의 길을 주신 것이다.

우리 중에서 어떤 이가 생각하기를 하나님은 선하고 의로운 자를 사랑하실 것이다. 자기와 같은 선도 없고 죄뿐인 자에게까지 사랑하여 주실 이유가 없을 것이라고 한다.

그것은 자기 생각이다. 하나님은 의로운 자의 밭에도, 악인의 밭에도, 비를 내리시는 하나님이시다. 성서에서는 죄가 더한 곳에 은혜도 더욱 넘친다고 했다. 건강한 사람에게는 의원이 쓸데없지만 병든 사람의 질병, 그것이 의원을 끌어온다. 그와 마찬가지로 우리가 죄인이 되었을 때, 하나님의 사랑을 더욱 끌어오게 된다. 죄인이었으니 하나님의 사랑은 벌써 온 것이다. "우리가 죄인 되었을 때 그리스도께서 우리를 위하여 죽으심으로 하나님께서 우리에게 대한 자기의 사랑을 확증했다"(롬 5:8)고 말하고 있다.

　죄로 말미암아 상한 갈대가 되었고, 꺼져가는 등불이 되었지만 꺾어 버리지 아니하신다. 도리어 당신님의 독생자를 꺾으셨다. 이 사랑이 우리의 심령에 깨달아지고 부딪쳐 올 때, 우리의 심령은 사망의 세력을 누르고 머리를 들게 된다. 세상의 염려와 육신의 눌림에서도 떨치고 일어나서 천국의 중앙에 서게 될 것이다.

　생물은 무엇이든 반드시 양식을 먹어야 살 수 있는 것이다. 사람은 물론이요, 동물도 먹어야 살고, 식물도 영양을 섭취하여야 살 수 있다. 그러면 우리의 영혼도 생물이니 만치 무엇을 먹어야 생명이 되느냐, 생각할 문제이다. 그렇다고 달러를 먹으면 될까? 세상 권세를 먹으면 될까? 영혼은 그런 것들로는 살 수 없다. 영혼은 실로 가당치 않은 것을 요구한다. 예수 그리스도의 십자가를 통하여 주시는 하나님의 사랑을 먹어서 살 수 있는 것이다. 육신은 비대하여도 영혼은 죽은 사람이 있는가 하면, 반대로 육신은 수척하였으면서도 영혼은 매우 건강하고 활기 있는 사람이 있는 것을 볼 수 있는데, 이는 예수 안에서 주시는 하나님의 사랑에 배부른 사람들이다. 바울이 위대한 인물이라고 하는 그 비밀은 저는 이 사랑에 면려(勉勵: 스스로 노력하거나 애씀) 받은 까닭이다. 동서고금을 통하여 이 사랑을 깨달은 사람, 그래서 이 사랑에 부딪친 사람치고 살아나지 못한 사람은 없다. 진리를 이루어 사는 데에 의지가 있고, 영원한 희망이 있고, 환난의 세상에서도 기뻐하여지고, 몸 드려 하나님을 사랑하게 된다. 하나님의 사랑이 그 생의 바탕이 된 까닭이다.

우리는 예수 믿는다고 하여 가정과 친척들에게 버림받았고 친구들에게 무시당하고 사회에서 모욕당한다. 이것이 예수 믿어서 소득이던가, 아니라, 우리는 하나님의 특별한 사랑을 받았다. 사랑의 하나님을 만나게 되었다. 하나님은 나를 사랑하신다. 세상이여 멸시하려면 하여라, 나는 영생 나라의 시민이 되었다.

그런데 하나님의 사랑에 대하여 주의할 것은 그 사랑을 정적인 사랑이나 익애(溺愛: 지나치게 사랑하거나 귀여워함)의 사랑으로 알아서는 안 된다. 하나님의 사랑을 익애나 정적인 사랑으로 보는 자는 하나님은 사랑이므로 우리가 무슨 죄를 지었을지라도 쉽게 용서하실 것이라 한다. 이것은 잘 알지 못하는 말이다. 하나님의 사랑은 익애(溺愛)가 아니라 성애(聖愛: 거룩한 사랑)이다. 저에게는 의로 말미암지 않고는 사람의 죄를 용서치 아니하신다. 하나님의 사랑은 의로 말미암아 행하신다. 마치 국가에서 대대적인 사면을 발표하듯이 사람의 죄를 무조건 용서하시는 것이 아니라 예수의 십자가로 말미암지 않고는 용서치 아니하신다. 저의 사랑은 의(義)의 사랑이요, 성(聖)의 사랑으로서 정적(情的)인 사랑이 아닌 까닭이다.

 이상으로 생각한 것은 예수의 십자가에서는 하나님의 절대 의로우심과 사랑하심이 보였다. 예수의 십자가는 죄에 대한 심판과 멸망에 대한 구원이 동시에 성취된 장면이다. 그래서 여기에는 하나님의 의와 사랑이 병존한 곳이다. 이것이 하나님의 지혜에서 비롯된 오묘한 내용이다. 어느 종교가 사조(師祖: 종교의 창시자, 시조)의 죽음을 기반으로 하여 구원의 도리를 세운 적이 있든가? 오직 기독교뿐이다. 이것은 기독교에만 있는 속죄로서 구원의 하나님이 세우신 종교인 까닭이다.

17

참 예수

본문: 이사야 53:1-12

　참 예수가 있다면 참이 아닌 예수도 있다는 말이 된다. 사람들이 각자 나름대로 예수님을 잘 아는 듯이 말하고 있다. 그래서 예수님 명성이 가장 대단한 것으로 알려져 있다. 그들은 모두 예수님을 위대하신 분이라 한다. 예수님이 위대하신 것은 사실인데 그러나 세상 사람들이 알고 있는 예수님은 과연 참 예수님 그대로일까? 그렇지 않을 것이다. 참 예수님을 알지 못하면 신앙도 건전치 못할 것이지만, 사람들의 심령도 도리어 완악하여져서 예수님에게서 멀어지는 경향이 없지 않다. 참 예수에 대하여 말하기에는 필자부터 감당할 수 없는 일이지만 황송하게도 몇 가지 생각한다면,

1) 지혜 있고 통달한 자에게는 숨겨지시고 어린아이에게 나타나신 예수님

옛사람의 말에 성인이라야 능히 성인을 알아본다고 하였지만 그런다고 예수를 아는 점에서도 성인이 되어야 한다는 것이 아니고, 도리어 어린아이가 되어야 할 것이다. 예수님은 어린아이 같은 영혼에게 나타나시기 때문이다. 누구나 자기로서 스스로 된 줄로 아는 자에게는 예수님은 숨겨지신다. 그 당시에도 교권과 물력(物力: 돈의 힘)으로 마음들이 한껏 높아진 대제사장, 서기관, 장로들에게는 물론 숨겨져 있었지만, 세상의 욕망으로 눈이 어두워진 민중들에게도 그러하셨다.

오병이어로 큰 기적을 행하신 후, 민중들은 예수님을 왕으로 모시려는 운동을 일으키더니, 또 나귀 타고 예루살렘에 올라가실 때는 무슨 큰일이나 성취된 듯이 민중들은 "호산나 찬송하리로다 주의 이름으로 오시는이여"라고 외치면서 앞서거니 뒤서거니 따라왔었다. 그런 열광적 환영은 사오일에 불과하고 그들은 이내 예수를 십자가에 못 박으라는 아우성으로 변하고 말았다. 저들에게는 "지금 네 눈에는 숨겨져 있다."하시면서 울고 계시는 예수님은 살인자 바라바보다 용서할 수 없는 더욱 악인으로 보였다. 그래서 바라바는 살려주고 예수님을 사형한 것이다.

오늘날에도 예수님께 무한 찬양을 돌리는 사람들이 있는데 그들이 과연 예수를 누구인지 알고 하는 찬양을 드리는 것인지, 반면에 예수님은 자기와 아무 상관이 없는 듯이 버리는 사람들이 있는데 과연 예수님은 어떤 분인지 알고 버리는 것인지 알 수 없을 일이다. 대사원이나 대교회당에서 대중들이 드리는 예배는 반드시 예수님께 하는 예배일까? 교회의 대주교, 대감독들이 알고 있는 예수는 반드시 참 예수일까? 세상에서 알지 못하는 자들에게는 찬양받는 것도 예수 같은 이가 없을 것이요, 알지 못하는 자에게 버림받는 일도 예수 같은 이가 없을 것이다. 사람들이 자기의 상상하는 인물에다가 예수라는 이름을 붙인 것이 아닐까 한다. 굉장한 의식을 갖추어 인간들의 추악함과 위선을 잊어 버리면서 드리는 예배보다 어린아이 같은 마음으로 저를 사모하는 자에게 예수님은 나타나신다. 저마다 정통이라 하고, 저마다 성서적이라고 생각하는 사람들보다 자기는 무지한 죄인이라고 생각하는 자에게 예수님은 나타나신다.

예수님은 하나님의 아들로 하나님께서 보내신 세상의 구주이셨다. 어떤 부자 청년이 예수님께 와서 "선한 선생님이여"하고 영생의 도리에 관하여 물어온 일이 있었는데 예수께서는 "어찌하여 나를 선하다 일컫느냐 하나님 한 분

외에는 선한 이가 없느니라" 하셨다. 즉, 너는 나의 어느 점을 선하다고 보았는지 기적을 통해서인지, 설교를 통해서인지, 진정으로 나를 알려면 막연하게 선하다 할 것이 아니라 하나님에게서 보내졌음을 믿지 않으면 안 된다는 말씀이다. 알기 쉽게 말하여 나를 선하다고 인정하려거든 나를 하나님의 아들로 믿으라는 말씀이다.

사회적 척도로 예수님을 보아서는 건축자들에게 버림받은 돌이 될 것이다. 저를 하나님의 아들로 보지 아니하여서는 알 수 없는 분이다. 선하신 하나님께서는 그 아들을 세상에 보내시어 선하신 일을 시작하신 것이다. 사람들은 다만 저를 믿는 일로서 선하게 되는 것이다. 세상은 이것을 알지 못할 것이지만 성서는 밝히 말하고 있다. 예수님은 일반적으로 선인이거나, 또는 사회 일반 도덕의 교사라기보다 세상의 구주시다. 저는 사회 운동가가 아니라 자기 백성을 저희 죄에서 구원하시는 그리스도시다. 천국을 위하여서는 저야말로 집 모퉁이의 머릿돌이다.

예수님은 우리의 의이다. 저로 말미암아 우리는 하나님 앞에서 의가 얻어진다(고전 1:30).

예수님은 우리의 부활이다. 저가 우리에게 계심으로 우리는 저와 함께 부활한다(요 11:25).

예수님은 우리의 생명이다. 저가 우리에게 계심으로 우

리는 저와 함께 영생할 수 있다(골 3:4).

　예수님은 우리의 소망이다. 저가 우리에게 계심으로 우리는 저의 영광에 참여할 수 있다(딤전 1:1).

　예수님은 우리의 모든 것의 모든 것이다. 저를 떠나서는 우리는 아무것도 할 수 없다(요 15:5).

2) 상한 갈대를 꺽지 아니하시는 예수님

　어떤 이들은 이렇게 생각하고 있을지 모른다. 교회의 수장이신 예수는 그 부하인 기독자들로 편성한 대군을 인솔하고 세계를 왕복하는 도상에 계실 것이라고, 혹은 예수는 당신의 진리를 거역하는 자에게는 여지없이 진멸하여 버릴 것이라고 알고 있을 것이다. 그러나 그것은 인간들의 추측일 뿐이고 예수님은 그렇지 않으시다. 예수님은 진리를 거스르고 대적하는 자들에게 책망을 엄하게 하시는 일은 있었다. 그러나 진리를 대적하는 자에게 짓밟아 버리지는 아니하셨다. 겟세마네에서 체포되실 때의 일을 볼지라도 열두 영 더 되는 천사인 하늘의 권세를 가졌으면서도 그 세력을 휘둘러 적을 섬멸하지 아니하시고, 도리어 베드로의 휘두르는 검에 떨어져 버린 대제사장의 종 말고의 귀를 그러한 위급하고 위중한 순간에도 고쳐 주시고 순순히 잡히셨다. 원수가 주릴 때에는 먹여주시고 갈하면 마시어 주라 하셨다. 설교 하실 때에도 폭풍우 같은 열변을 토하면서 사람들의 영혼을 습취(襲取: 갑자기 습격하여 빼앗음) 하듯이 아니하시고, 도리어 봄비가 보슬보슬 내려 땅을 적시는 것처럼 사람들의 메마른 영혼 깊은 곳에 하나님의 사랑으로 흡족하게 적셔 주셨다.

　세례요한이 옥중에 있으면서 예수님에 대하여 의심이 생겨서 "오실 이가 당신이오니까 우리가 다른 이를 기다리오리까"하는 질문이 있었다. 짐작건대 요한의 생각에는 예수는 이제부터 정의의 기치를 당당히 들고 부패한 종교적 죄악을 일소하여 버리고 사회적 혁신을 이룩할 것이라 한 것인데, 들리는 말에는 기대와 정반대로 갈릴리 어부들을 모아 당을 만들었고, 세리와 죄인들의 친구가 되어 먹고 마시며 지낸다는 소식이기에 참다 못하여 이러한 질문에 이른 것인 듯하다. 예수님에게 있어서 요한은 유일의 지기이다. 이제 지기에까지 의심을 사게 되셨다. 그런데 예수님의 대답은 요한으로 더욱 놀라게 할 정도의 말씀이다. "소경이 보며 앉은뱅이가 걸으며 문둥이가 깨끗함을 받으며 귀머거리가 들으며 죽은 자가 살아나며 가난한 자에게 복음이 전파된다"라고 하셨다. 통쾌한 사회적 혁신을 기대하는 자에게 이것이 무슨 대답이었을까. 요한의 구원의 주안(主眼: 중심이 되는 목표)은 도끼를 나무뿌리에 놓았으니 열매

맺지 못하는 나무는 찍어 버리는 위용을 당당하게 하는 것으로 방법을 생각하였지만, 예수님은 그것이 아니라 상한 갈대를 꺾지 아니하시고, 꺼져가는 등불을 끄지 아니할 뿐만 아니라 기름을 부어 꺼져가는 불을 일으켜 주시는 일이셨다. 말하자면 연약한 자, 불행한 자의 영혼에 사랑을 부어 채우시는 일을 하시는 주님이시다.

세상에서는 미약한 자의 가치는 인정하지 않는다. 상한 갈대 따위는 보려고도 아니한다. 무시의 대상에도 못 가는 것이 된 것이다. 교회끼리도, 교단끼리도 소약한 존재는 가볍게 여겨 모욕을 얻는 슬픔을 얻게 된다. 그러나 예수님은 소자 하나에게뿐 아니라 죄인 하나까지도 어루만지시고, 눈물을 씻어 주시고, 죄에 빠져서든지, 또 그 외 무슨 일에서든지, 실망에 빠진 자에게 친구가 되어 주신다.

전에는 만군의 주이셨는데 이제는 십자가상의 그리스도로 나타나셨다. 전에는 불의한 백성을 징계하여 다스리시는 하나님이시더니, 이제는 완악한 자들의 마음을 사랑으로 유화케 하시는 주님이시다.

3) 남은 구원하되 자기는 구원치 못하는 예수님

사람은 누구나 자기를 위하여 생각하고 활동을 한다. 마치 사람은 자기를 위한 존재처럼 되었다. 그런데 예수님께서는 그렇지 못하셨다. 예수님의 대적자들이 저를 십자가에 못 박아 놓고 "저가 남은 구원하였으되 자기는 할 수 없도다", "십자가에서 내려올지어다 그러면 우리가 믿겠노라." 우롱하였다. 말하자면 자기도 구원치 못하는 주제에 남을 구원한다고 하는 것은 순전한 엉터리요, 허위라는 의미로 비웃는 말이다. 참을 수 없는 모욕의 말이다. 이것이 그들의 조롱의 말이기는 하지만 또한 사실이기도 하다. 예수님은 과연 그리하셨다. 남은 구원하셨으되 자기는 구원치 못하셨다.

저의 생애에 있어 특징이라 할 것은 사랑이었다. 하나님을 사랑하는 것은 물론이요, 인류를 사랑하고 구원하는 일에 일생을 이바지하신 것이다. 그러니만치 자기의 일에는 무관심할 수밖에 없었다. 아니 사실인즉 자기를 드려서 남을 사랑하신 것이다. 용납할 수 없는 죄명으로 십자가에서 돌아가셨지만 자기를 위한 변명의 말은 일언반구도 없으셨다. "때리는 자에게 등을 맡기고 수염을 뽑는 자에게 뺨을 맡기며 수욕과 침 뱉음을 피하려는 얼굴을 가리우지 아니하셨다."(사 50:6 참조). 도리어 대적자를 위하여 기도하셨을지언정 불행한 사람을 만나면 그것을 직접 자신에게 당하신 것 같이 여기셨다.

과연 저는 우리의 "모든 환난에 동참하셨다."(사 63:9).

곧 우리가 환난 겪을 때는 예수님도 함께 고뇌하셨다. 그러면서도 외치시는 말씀은 수고하고 무거운 짐을 진 사람들은 내게로 오라 편히 쉬게 하리라 이셨다.

바리새인과 예수님을 비교하여 생각하면 바리새인이라 하여서 반드시 위선자가 아니라 저들의 가르치는 중심 사상은 하나님을 믿으라, 그리하면 구원 얻으리라 한 것이다. 저들에게도 율법을 지키는 믿음은 본받을 점이 있다. 그런가 하면 예수님의 가르치는 정신은 하나님을 사랑하라, 그리하면 구원을 얻으리라는 뜻이다. 예수님의 전 생애는 하나님 사랑하는 것을 기반으로 하여 사람들을 사랑하신 것이다. 바리새인과 예수님의 충돌은 결국 믿음과 사랑의 충돌이라 하여도 지나친 말은 아닐 것이다. 더 좁은 믿음이 극히 넓은 사랑의 우수성을 인정할 수 없었다. 그래서 예수를 십자가에 못 박은 것이다. 바리새인은 엄격한 율법의 신앙으로 나온 것이라면, 예수님은 사랑의 은혜로 하신 것이다. 여기에서 큰 비극이 연출된 것이다.

어느 저술가의 말에는 "사람에게 있어 완전하다는 표준은 무엇으로 정하기가 어렵다. 세상의 많은 악인들도 그 당대에 있어서는 완전한 사람이라고 높임을 받고 있는가 하면, 예수님 같은 이는 도리어 극악 자로 몰아 십자가에 사형되었다. 사람의 표준은 외적인 것으로 보아서는 선악을 정하기 어렵다고 할 것이다. 사람의 완전한 표준은 내적으로 볼 것이라. 사람을 많이 사랑하는 자는 완전한데 가까운 것이요, 적게 사랑하는 자는 완전한 데서 멀어있는 것이요, 사랑치 않는 자는 마귀의 자식이라" 하였다. 참 예수님은 사람에게 선하셨고, 선하신 까닭에 사람에게 미움을 받으셨다. 미움받으면서 사람을 사랑하시고 용서하셨다. 자기를 도리어 죽음에 내어주기까지 선하시고 사람을 사랑하셨다.

결론한다면, 참 예수께 돌아오라, 인류의 벗이 되신 예수에게 돌아오라, 저를 찾으라, 저를 찾아서 저처럼 되라, 저처럼 온유하고, 저처럼 겸손하여라, 저처럼 진실하고 용감하여라, 저 이외의 자에게는 제자 되지 말라. 그렇다. 예수에게 돌아오라 모든 중개자를 배제하고 예수에게 돌아오라"

18

우리 어머니

(어머니 주일)

본문: 에베소서 6:1-4

어머니 주일을 맞이하여 우리는 어머니에 대하여 한 번 더 생각하게 되며, 어머니들도 자기에 대한 의식을 새롭게 하여 하나님의 진리를 이루는 데 더욱 매진하기에 이르게 될 것을 생각하여 다행한 일이라 믿는 바이다.

1) 어머니는 우리를 위한 제일의 공로자

우리에게 가장 큰 사건이 있다면, 그것은 학위 받는 일도 아니요, 결혼한 일도 아니다. 우리가 세상에 태어난 일이다. 없던 중에서 하나의 인생으로 태어나서 생을 누리게 되는 일이다. 그렇다고 하늘에서 이대로 직접 떨어진 것도 아니요, 땅에서 솟아 오른 것도 아니다. 우리가 태어난 이 역할은 누가 했나. 이것은 아무나 할 수 있는 일이 아니라 오직 어머니만 할 수 있는 일이었다. 하나님의 조화로운 역사는 어머니를 통하여 내가 세상에 태어나게 하시어 우주의 일원이 되게 하신 것이다. 유산이나 유업을 크게 여기는 세상이지만, 그것을 생각하기 전에 지금 있는 나의 몸과 살과 틀과 뼈는 부모님들의 유물이다. 우리 어머니는 이렇게 나를 낳으신 것으로 나에게는 큰 공로자가 되셨다. 큰 자랑이 되셨다. 나에게는 어머니보다 더 귀한 분은 없다.

불교 서적에 보면 인생으로 태어남 받기가 어렵다는 말이 있다. 그러나 나는 태어나기 어려운 인생이 하나님의 작정으로 어머니의 은혜로 말미암아 태어났다. 내가 태어난 기쁨, 외침으로 온 우주는 울렸고 환영해 주었다. 나의 태어난 기쁨을 알면 알수록, 그리고 나의 생이 귀한 줄을 알수록, 어머니의 존귀함을 더욱 알게 된다. 내가 태어난 것을 기뻐하여 일 년 삼백육십오일 중 생일을 모든 날 중에도 기쁜 날, 축하의 날로 보내고 있다.

사실 생일의 의미보다 자식을 낳아 기르느라 애쓰며 고생하신 어머니께 대하여 생일의 즐거움, 그 이상으로 감사하며 즐거워하여야 할 것이다. 어머니날을 정하였으니 그

날에는 더욱 어머니를 기쁘게 해드리며, 즐거워하여야 할 것이다. 이것을 행하는 사람의 심령은 과연 진이요, 선이요, 미일 것이다.

2) 어머니는 우리의 제일 은인

　나를 낳으신 일에는 어머니가 아니어서는 안 될 것이다. 은인 되는 일은 아무나 할 수 있을 것이다. 그런가 하면 나를 가장 사랑하시고 아껴주는 일에도 어머니가 제일이라는 말이다. 남자일지, 여자일지, 또 얼굴이 어떻게 생겨날지 알 수도 없이 아직 하나의 핏덩이로 태중에 있을 때부터 태아에게 크나큰 관심을 가진 이는 어머니이다. 그 발육을 생각하고, 그 장래의 심성을 생각하고, 더하여서는 아이의 신앙, 또 행복의 문제까지 관심을 가지는 태모의 생활은 언제나 조심하는 생활이다. 태모의 생활은 태아에게 영향을 주기 때문이다. 옛날에도 지각 있는 여성들은 태교하였다고 한다. 지금에는 태모들이 앞에서 별소리 다 듣고, 별것을 다 보고 있지만, 의식이 있는 태모들은 태아에게 나쁜 악영향을 주지 않기 위하여 귀로는 탁한 소리를 듣지도 아니하였고, 사특한 정신을 주지 않기 위하여 눈으로 사특한 색을 보지도 아니하였고, 올바르지 못한 인격자가 될까 하여 자리가 바로 깔리지 않은 데는 앉지도 아니하였고,

음식은 먹어도 베인 것이 바로 잘려지지 아니한 것은 먹지도 아니하였고, 발육상 좋지 못할까 하여 잠을 자도 몸을 기울여 자지 아니하였고, 좋은 정신과 사상을 주기 위하여 글을 읽고 시를 외웠다. 그렇게 하여 아들을 낳으니 형용이 단정하고 인격이 숭고하였다고 한다. 보라, 태아 때부터 깊은 관심과 사랑으로 좋은 것으로 주고자 하는 어머니의 심정을, 이다지 우리를 아껴주시는 어머니의 심정을.

그러다가 출생하면 어찌하느냐, 여성들이 어린 자녀를 안았을 때만큼 감정이 좋은 때는 없다고 어떤 이가 말하였다. 하나님께 대한 감은(感恩: 은혜에 감사함)의 사상은 물론일 것이요, 자기도 모르는 사이에 모성애가 흘러나게 된다. 마른자리, 진자리를 골라주게 되고, 쓴 것은 어머니가 삼키고, 단것만 먹여준다. 자녀를 위하여서는 몸은 수고로워도 마음은 유쾌하다. 무엇을 받고자 하는 욕망은 없고, 거저 주려는 마음뿐이다. 무슨 잘못이 있을 때는 달가운 마음으로 용서하고, 잘하는 것이 있으면 그저 칭찬하며 귀하기만 하다. 이렇게 하기를 세상 잊어 버리는 날까지 하는 것이 어머니다. 하나님이 그 자녀에게 향하신 마음을 그대로 반영한다. 어떤 이가 말하기를 성인은 백 대의 성인이라면 부모는 한집안 성인이라 한 것이 일리가 있는 말이다. 어머니들은 다른 사람들에게는 인색하고 자기본위이지만 자녀에게는 성인이다. 우리 주님 말씀하시기를 너희가 악할지라도 자식에게는 좋은 것으로 줄줄 안다고 하셨다. 아무튼 누구 어머니든지 자기의 자녀에 대하여서는 제일 사랑이요, 제일 은인이다. 제일 성인이다.

3) 어머니는 우리의 제일 스승

우리가 학교에서 과학이나 철학을 배운다. 그러나 인간의 생활을 배우는 데에는 가정에서 배우는 것이 많다. 거기의 스승은 어머니로 어떤 교과서도 없이 어머니의 실제 생활하는 데에 배운다. 예를 말하자면 이웃과 친밀한 생활을 하자면 어떻게 하며, 손님 접대는 어떻게 하며, 형제자매간의 우애 있는 생활은 어떻게 하며, 일가친척 간의 화목한 생활은 어떻게 하며, 어른 섬기는 마음은 어떻게 써야 하는 것이며, 그리스도를 믿는 믿음은 진실하여야 하는 등등을 모두 배우게 된다. 언어를 통해 설명으로 배우는 것이 아니라 무언중 본보기로 배운다. 전적으로 그렇다 할 것은 아니지만 자녀들의 행동만 보아도 그 어머니 되시는 분의 인품을 헤아리게 된다. 어머니가 윤리와 도덕의 방면에 흐리멍덩하면 자녀들도 그러할 것이요, 어머니가 맵고 짜게 되면 자녀들도 그러하다.

어떤 의미에서는 어머니는 자녀들의 겉만 낳은 것이 아니라 속까지도 낳은 것이 된다. 신앙적 입장에서는 어머니는 어느 학교 출신이냐를 묻지 아니한다. 어머니가 어떠한 사람이냐가 문제이다.

성서 인물 중에도 위인들의 배후에는 대체로 어진 어머니들이 숨어 있었다. 순종의 사람 이삭이 그러하였고, 출애굽의 구출자 모세가 그러하였고, 건국자 사무엘이 그러하였다. 사회 역사상에도 학교에서는 저능아라고 놀림을 받았지만 후에는 발명의 왕이 된 에디슨의 어머니, 처음에는 방탕아로 유명하였다가 후에는 성자로 거듭난 어거스틴의 어머니 모니카, 그분들은 이름 높은 분들이었다. 동양에서도 그 아들을 성인이 되게 하기 위하여 세 번씩 이사한 맹자의 어머니가 있었고, 우리나라에서도 고려 말기에 있어 정신적으로 극도로 부패한 사회에서 그 아들을 건강한 인격자로 만들기 위하여 까마귀 싸움에 백로야 가지 말라는 시를 지어 주었고, 의복을 만들어 입히는 데에도 안은 반드시 붉은 색깔로 하여 사람의 속은 붉어야 한다는 것 즉, 마음은 불덩이처럼 열성적이요, 성실하여야 하며, 겉은 푸른 색깔로 하여 사람의 표면은 평화로워야 한다는 것을 가르쳐준 정포은(鄭圃隱)[9]의 어머니, 이들은 모두 인격

---

9) 정몽주, 고려 말기 문관, 호는 포은(圃隱)

적 교육에 중점을 두었던 어머니들이다. 세 살 때 버릇이 여든 살까지 간다고 하는데 태에서 가르치고 어릴 때 가르친 것이 자녀들의 인격에 살이 되고 뼈가 되었다. 모성애는 반드시 남의 자녀들은 굶어도 내 자녀는 먹여야 한다고 하여 빵이나 고기 조각을 주어 먹이는 것도 좋지만, 하나님이 나에게 맡겨주신 자녀를 교육하여 하나님이 받으실만한 성도로, 사회에 빛이 될 만한 인재로 길러내는 일이 있어야 할 것이다. 음탕(淫蕩)하고, 방종(放縱)한 세상을 거슬러 가면서 경건한 자녀로 양육할 분명한 목표를 갖는 어머니들이 되어야 할 것이다.

4) 어머니는 나의 제일 공경할 분

이 땅에서 우리가 제일 공경할 분이 있다면 그것은 부모님이시다. 모세의 십계명 구조를 볼지라도 하나님께 대한 계명 다음으로는 부모에 대한 계명이다. 하나님은 세계적 하나님이시라면 부모는 한 가정의 하나님과 같으시다. 즉, 가정에서는 가장 어른이라는 말이다. 그런데 부모를 공경하는데 세상에서 보은(報恩: 은혜를 보답함)하라는 말이 있는데 그것도 훌륭한 일일 것이다. 그러나 성서에서는 공경하라 하였다. 보은하라 할 때에는 은덕에 대하여 중점을 생각하기 쉽다. 공경하라 한 것은 은덕보다 부모에게 비중을 두는 말이 아닌가 한다. 부모는 은덕이 있을 것은 사실이지만 없는 분도 있을 것이요, 박약한 분도 있을 것이니 은덕을 저울질하게 되면 부모를 사랑하는 것이라기보다 은덕을 생각하는 것이 된다. 같은 말 같지만, 그 정신은 차이가 있을 것이다. 고로 부모에게는 무조건 공경하도록 성서는 말하고 있다. 만일 조건을 찾는다면 부모 된 조건뿐일 것이다.

다음으로 생각할 것은 성서에서는 "주안에서" 순종하고, 공경하라고 한 말은 더욱 의미 있는 말이다. 자녀들이 자신의 감정이나 기분에 따라서 하게 되면 완전한 공경이 되지 못할 것이다. 즉, 자녀들의 기분이 언제나 한결같이 좋을 수는 없는 노릇이다. "주안에서" 즉, 주님의 진리에 근거하여서 주님의 뜻을 이루는 의미에서이다. 자녀의 기분이 이루는 것이 아니라 자녀들의 기분을 초월하여 하나님의 진리를 이루는 의미에서이어야 된다.

공경에 대하여서도 양 방면으로 생각할 수 있으니 그 하나는 의지이다. 즉, 그의 뜻을 받아들이는 일이다. 성서에서는 "자녀들아 너희 부모를 주 안에서 순종하라" 한대로 순종이다. 그래서 부모님이 언제나 만족하고 즐겁게 하는 일이다. 다음으로는 부모의 건강 문제에 유의하여 음식과 거처를 평안케 해드려야 한다. 기회가 있는 대로 잘 봉

양할 것이니, 옛사람이 비통해 한 바 "나무가 조용히 있고자 하나 바람이 그치지 않고, 자식은 효도하려고 하나 부모님은 기다려주시지 않는다."(樹欲靜而 風不止, 子欲養而 親不待)는 탄식이 없도록 할 것이다.

19

새사람의 생활

본문: 골로새서 3:5-11

　새해가 밝아왔으니 사람도 새로워지고, 생활도 새로워지고자 하는 것은 누구나 염원하는 바이다. 그런데 성서에 옛사람, 또는 새사람이라 하는 것은 대체로 어떤 사람을 의미할까.
　옛사람이란 자기의 것이 "나" 그대로 있는 사람일 것이요, 새사람이란 옛사람과 그 행위를 벗어 버리고, 자기를 조성하신 자의 형상을 쫓아 새로 지음을 받아 하나님의 것인 나로 거듭난 사람일 것이다. 동일한 사람이지만 내용에 있어 자기의 것인 "나"이냐, 하나님의 것인 "나"이냐에 따라 옛사람과 새사람이 구별되어 있다. 따라서 새사람이 되면 생활도 달라지리니 여기에서는 새사람과 그 생활에 대하여 생각하기로 한다.

1) 새사람은 새 마음을 받은 것

새 마음이란 것은 추한 마음을 버리고 정한 마음을 가지며, 악한 마음을 버리고 선한 마음을 가지라는 말로 받기 쉬운 것인데 그것은 도덕가들의 말하는 새 마음일 것이다. 기독교에서는 그러한 막연한 것에 그치는 것이 아니라 좀 더 구체적인 것이니, 요는 "자기를 창조하신 자의 형상을 쫓아"라고 되었다(창 1:27). 또 직접 "예수의 마음을 품으라."라고 한데도 있다(빌 2:5). 한마디로 말하면, 새사람은 예수의 마음이 품어지는 것이다. 그러면 예수의 마음은 어떤 마음인가, 무엇 보다 하나님의 뜻을 자기의 생활에 살리려는 마음이었다.

옛사람은 자기의 것인 자기이다. 모든 일에 자기본위이다. 이것만은 철저하다. 사업장에서나, 사회에서나 심하게는 교회에서까지도 자기본위이다. 무슨 문제가 한가지 생기면 최선으로 자기 입장부터 생각한다. 자기에게 돌아오는 이해관계를 생각하고, 권리와 명예의 득실을 생각한다. 그래서 문제는 아무리 공익적이요, 하나님의 진리적이라 할지라도 자기의 비위에 맞지 아니하거나 타산에 맞지 아니하면 흥미를 갖지 않기도 하고 반의를 품기도 한다.

주님의 기도에 "우리를 시험에 들게 하지 마옵시고 다만 악에서 하옵소서"라고 하셨는데 여기에 악이란 어떤 것을 의미하신 것인가. 다른 의미도 있겠지만 자기 본의에 따라 하나님의 뜻을 막아내는 것, 그래서 진리가 이루어지지 못하게 대적하는 일이니, 여기에서 더한 악이 어디 있을 것인가. 자기냐, 하나님이냐, 자기가 하나님과 대립하였으니 은연중 자기도 하나님이 된 것이다. 두려운 일이다. 예수께서는 가라지 비유로 말씀하신 적이 있는데 교회에서는 참 곡식과 가라지가 함께 자라는 곳이다. 그렇다고 가라지를 뽑아 버리지도 아니한다. 참 곡식이 상할까 하여 심판 때까지 그냥 두고 보시는 것이다. 가라지는 누구냐? 자기 본위인 신자, 사이비 신자가 아니겠는가? 바울도 가라지 같은 거짓 형제에게 골탕을 먹었다(고후 11:26).

우리 주님의 마음 쓰시는 것은 자기본위가 아니라 하나님의 뜻을 그 생활에서 살리시는 마음이었다. 이만큼 하나님을 사랑하시었다. 평소에 하신 말씀 "내가 하늘로서 온 것은 내 뜻을 행하려 함이 아니요, 나를 보내신 이의 뜻을 행하려 함이라"(요 6:38) 하셨다. 베드로가 예수님 십자가에서 돌아가시지 말도록 간청하였을 때에도 "너는 하나님의 일은 생각지 않고 사람의 일만 생각한다"라고 사탄이라고까지 하시면서 책망하셨다. 기도를 우리에게 가르치실 때도 "뜻이 하늘에서 이루어진 것 같이 땅에서도 이루어지이다"라고 가르치셨다. "나더러 주여 주여 하는 자가 다 천국에 들어갈 것이 아니라 하늘에 계신 내 아버지의 뜻대로 행하는 자라야 들어가리라" 하셨다. 겟세마네에서 십자가의 그림자가 어른거리는 그 마당에서도 "내 아버지여 만일 할만하시거든 이 잔을 내게서 지나가게 하옵소서 그러나 내 원대로 마옵시고 아버지의 원대로 하옵소서" 하셨다. 언제나 자기의 뜻을 철회하시면서 아버지의 뜻을 살리셨다. 순종하셨다. 진정으로 하나님을 사랑하셨다. 아버지께서는 예수를 사랑하실 수밖에 없어 이는 내 사랑 하는 아들이요 내 기뻐하는 자라고 여러 차례 말씀하셨다. 우리도 하나님의 뜻을 내 생활에 살리게 되면 하나님이 기뻐하실 것이다.

우리는 어떻게 하여 이 예수님의 마음을 닮아 가고, 그 마음을 받을 수 있을까? 자기가 작심하여서 될 수 있을까? 아니라, 믿는 일밖에 다른 도리가 없다. 참믿음이 올 때에는 자기가 전적으로 부정되고 예수님의 마음을 은혜받게 된다. 즉, "옛사람과 그 행위를 벗어 버리고 새사람을 입었으니 이는 자기를 조성하신 자의 형상을 쫓아 지식에까지 새롭게 하심을 받게" 되는 것이다. 즉, 성령의 역사하심으로 말미암아 예수님의 마음이 이루어지게 된다. 이제는 하나님의 "나"가 된 것이다. 가라지가 아니라 참 곡식이 된 것이다. 하나님의 자녀가 된 것이다.

2) 새사람은 새 생활 하는 것

새 사람에게는 새 생활이 있는 것이다. 새 생활이 과거의 잘못된 생활을 자기로서 고치는 생활이 아니라 하나님의 생활을 본받는 일이다. "그러므로 사랑을 입은 자녀같이 너희는 하나님을 본받는 자 되라"고 성서는 말하였다. 본받는 자면 그 어느 점을 본받을 것인가? 특히 하나님의 중심은 사랑이니 새 생활에는 하나님의 중심되시는 사랑을 본받으라는 말이 될 것이다. 말세의 특징으로는 많은 사람의 사랑이 식을 것을 예수님은 말씀하셨는데 우리는 하나님을 본받아 말세의 특징을 거슬러 사랑하는 자들이 되어야 할 것이다. 요한 사도는 말하기를 "우리가 형제를 사랑하면 이것으로써 생명에 들어간 줄을 안다"라고 하였다. 우리가 본받아서 나갈 하나님의 사랑을 몇 가지로 생각하면,

가) 하나님의 사랑은 광대하신 사랑

예수께서 하나님의 사랑에 대하여 말씀하시기를 "하나님은 그를 악인과 선인에게 비취는 비를 불의한 자와 의로운 자에게 내리시느니라"라고 하셨다. 즉, 하나님의 사랑은 광대하시고 원만하신 사랑이란 말씀이다. 선한 자와 의

로운 자를 사랑하심은 물론이요, 악한 자, 불의한 자도 사랑하신다는 말씀이다. 어떤 분은 말하기를 "하나님의 사랑은 모순적 사랑이다" 하였는데 즉, 못 사랑할 자까지 사랑하신다는 말이다. 그렇다면, 악하고 불의한 우리에게도 그 사랑이야말로 가장 반가운 소식이 아닐 수 없다. 하나님이 이렇게 사랑하신다면 이 사랑에서 빠질 자는 하나도 없을 것이다. 세 번씩이나 예수를 부인하던 베드로도 사랑하셨고, 예수 믿는 사람은 무론 남녀하고 모조리 잡아 가두고 죽여서 기독교를 박멸하려던 바울도 사랑하셨고, 방탕하기로 당대 유명한 어거스틴도 사랑하셨다. 악인의 마수인 우리들은 이 사랑에 걸려든 것이 되었다.

우리는 하나님을 본받기도 전에 이 사랑을 무한히 받는 자들이다. 그런고로 성서는 말하기를 "그러므로 사랑을 입은 자녀같이 너희는 하나님을 본받는 자가 되라"고 하였다. 우리도 모쪼록 광범위하게 은혜를 베풀고 원만하게 사랑하여야 할 것이다. 사람을 골라 가면서 할 것이 아니라 우리에게 오는 자는 전부 사랑할 것이다. 누구에게나 모두 은혜 입게 할 것이다. 사랑을 나누어 상하좌우를 차별치 말고, 빈부를 차별치 말고, 호오(好惡: 좋음과 싫음)를 택하지 말고 "무릇 네 손이 당하는 대로 힘을 다하여서 할지라", 할 수 있는 대로 선과 사랑을 많은 사람에게 베풀라는 말이다.

하나님의 사랑을 본받는 우리는 이제부터는 누구는 악하고, 누구는 좋지 않다고, 마음에 점 찍어 둔 것은 모두 소멸하고 백지화시켜야 할 것이다. 하나님의 마음을 가져야 한다. "사랑은… 악한 것을 생각지 아니한다"라고 성서는 말하고 있다. 어떤 경우에서도 계속하여 선을 베풀 것이다. 하나님은 어제나 오늘이나 영원토록 변치 아니하시나니 세상은 변하여도 우리의 양심은 변치 말아야 할 것이다. "너희를 사랑하는 자를 사랑하면 무슨 상이 있으리요, 세리도 이같이 아니하느냐? 또 너희 형제에게 문안하면 남보다 나은 것이 무엇이뇨, 이방인도 이같이 아니하느냐, 하늘에 계신 너희 아버지의 온전하심과 같이 너희도 온전하라" 하심은 우리 주님의 교훈이다.

나) 하나님의 사랑은 깊으신 사랑

예수님께서는 또 하나님의 사랑에 대하여 말씀하셨는데 "그는 은혜를 모르는 자와 악한 자에게도 인자로우시니라"라고 하셨다. 모든 사람이 하나님의 막중한 은혜를 받고도 은혜를 은혜로 알지 못하고, 감사치도 아니한다. 그럴지라도 하나님은 그 사람들을 사랑하시고 인자로우시다. 이러한 깊으신 사랑의 하나님이신 줄 깨닫고 나면 "나의 좋은 것은 주밖에 없도다"라고 다윗처럼 말하게 될 것이다 (시 16:2). 우리가 또 하나 본을 받아야 될 것이 있다. 즉, 나의 사랑하는 마음을 모르는 자에게도 사랑하는 일이다. 전도서에 인생의 최고선이 무엇인가에 대하여 말하였는데 "식물을 물 위에 던지라"고 하였다. 식물은 자기의 먹을 양식인데 이것을 다른 사람에게 줘서 먹게 하든지, 가축에게 주든지 하면 훨씬 더 효과적일 것인데 이것을 거저 물 위에 던져버리면 아무 반응도 없이 그냥 물속으로 침수되고 말 것이니 이것이 무슨 최고의 선이 될 것인가. 머리가 돌아가는 사람은 누구를 막론하고 이런 어리석은 짓을 하지 아니할 것이다.

그러나 그런 것이 아니라, 여기 식물이라는 것은 선행이나 사랑을 의미한 것이니, 이것을 물 위에 던지라는 말은 나의 선행이나 사랑의 행위에 대하여 사람들이 알아주지도 아니하고, 감사하다는 인사도 없고, 칭찬도 없을지라도 망은(忘恩: 은혜를 잊음)의 세상에서 그 같은 망은을 기다리지 않고, 선을 행하고 사랑을 베풀라는 말이다. 하나님은 악한 자와 은혜를 모르는 자에게도 인자하시듯 그것을 본받아 행하라는 말이다. 장소나 때를 가리지 말고, 반응도 기다리지 말고, 많이, 또 넓게 선을 행하고 사랑을 베풀라는 말이다.

괴테는 말하기를 악은 얕아서 아무라도 쉽게 볼 수 있지만 선은 깊어서 쉽게 보이지 아니한다고 하였다. 나의 깊은 마음에서 우러나오는 선심은 사람들이 알아주기가 쉽지 않다. 남들이 알지 못하는 데에서 선을 행하는 것은 사람들이 알고 칭찬하여 주는 것보다 자기로서는 더욱 기쁜 것이다. 하나님의 선하심과 인자하심의 결과로 만인과 만물이 살고 있으니, 칭찬이 있든 없든, 사랑의 결과인 것을 기뻐하실 것이다(창 1:4, 21,31등 참조). 우리도 반응 없는 선을 행하자.

사람은 아무나 행복 자가 될 수 있다. 또 행복 자가 되기도 쉽다. 예수의 마음을 받아 하나님의 뜻을 받들어 하나님의 기뻐하시는 자가 되고 또 하나님의 생활을 본받아 어디에서나 언제든지 선행을 하고, 사랑을 베풀어 즐거움의 생활을 하는 일이다. 새해를 맞이하였으니 이러한 새사람의 생활이 있기를 바란다.

20

믿음으로 살리라

본문: 하박국 2:1-8

　하박국은 유대 말기의 선지자인데 저는 자기로서 해결할 수 없는 의문을 가져 이것을 하나님께 나아가 해답을 받은 것이다. 그것은 "어찌하여 나로 간악을 보게 하시며 패역을 목도하게 하시니이까" 하는 것인데 즉, 다시 말하면 어찌하여 신앙의 나라 유다는 국세(國勢: 나라의 힘, 국력)가 심약하여지고, 악의 나라 바벨론은 세력이 왕성하여져서 이웃 나라를 침략하고 위압하고 있는가? 유대가 아무리 타락되었다 할지라도 우상을 섬기는 나라보다는 하나님께 가까이 있을 것인데…. 그러면 우주 안에는 상선벌악(賞善罰惡: 착한 사람에게 상을 주고 악한 사람에게 벌을 주는 일)하는 인과율(因果律: 모든 일이나 사물은 원인에 의해 그 결과가 발생한다는 원칙)은 없는 것인가 하는 회의였다. 여기에 대하여 "……이 묵시를 기록하여 판에 명백히 새기되 달려가면서도 읽을 수 있게 하라. 이 묵시는 정한 때가 있나니 그 종말이 속히 이르겠고 결코 거짓되지 아니하리라 비록 더딜지라도 지체하지 않고 정녕 응하리라 보라 그의 마음은 교만하며 그 속에서 정직하지 못하리라 그러나 의인은 그 믿음으로 말미암아 살리라" 이것이 하나님이 주시는 해답이었다. 하박국은 이러한 하나님의 말씀을 깨달아 마음에 싸여있는 의문이 일소(一掃: 쓸어버림, 해소)되고 주변 환경의 정세에 따라 흔들리던 주관은 확고한 반석이 됐을 것이다. 그래서 세상은 저를 일러 회의적, 신앙의 선지자라 한다.

믿음으로 말미암아 살리라는 이 말씀은 성서중에도 위대한 말씀이다(롬 1:17).

믿음으로 자기를 확립하여야 한다는 뜻의 말씀으로 받을 것이다. 사람은 대체로 이해관계에서 살고 있고 또 기분에 따라 사는 일이 많다. 그래서 주관을 정하지 못하고 우왕좌왕 비틀거리며 살고 있다. 거기에는 신앙도, 인격도 아무것도 아닌 것이 되고 만다. 여호와 하나님께 정하였다는 말과 같이 신앙이 자기 확정된 생활이어야 한다. 즉, 하나님에게로 귀결된 생활이어야 한다. 이것이 믿음으로 사는 생활인 것이다. 몇 가지를 여기에서 생각한다면,

1) 하나님의 진리를 믿음으로 살리라

　오늘 우리의 현실에도 하박국과 같은 의문이 없지 않다. 폭력과 침략으로 일삼는 나라는 흥왕하여지고, 인도와 정의를 주장하는 나라는 쇠퇴하여진다. 개인을 볼지라도 선량한 사람은 세상에서 점차로 몰락되어 가고, 허위와 횡포로 남의 눈에 눈물을 흘리게 하는 자는 부유하며 안락하다. 진실과 근면으로 생활의 바탕을 삼는 사람은 쇠패(衰敗: 쇠하여 패망함)하여지고, 헛된 욕심과 거짓 지식으로 이리 먹고 저리 먹는 자는 호화스러운 세도를 세상에 과시하고 있다. 과연 인과법칙이 우주 안에 있는 것인가. 상선벌악의 원리가 세상에 있는 것인가, 의문이 들지 않을 수 없는 일들이 얼마든지 있다.

　"그들은 죽을 때에도 고통이 없고 그 힘이 강건하며 사람들이 당하는 고난이 그들에게는 없고 사람들이 당하는 재앙도 그들에게는 없나니 그러므로 교만이 그들의 목걸이요 강포가 그들의 옷이며 살찜으로 그들의 눈이 솟아나며 그들의 소득은 마음의 소원보다 많으며 그들은 능욕하며 악하게 말하며 높은 데서 거만하게 말하며 그들의 입은 하늘에 두고 그들의 혀는 땅에 두루 다니도다"(시 73:4-9). 시편 기자도 하박국 같은 회의를 표현하였다.

　여기 하박국이 말한 "마음이 교만하여 그 속에서 정직하지 못하였다"에서 교만이란 말을 원문의 뜻에서 보면 팽창하였다는 의미이니 즉, 속에서는 아무것도 없으면서 겉으로 부풀어 팽창하여졌다는 뜻이다. 다시 말하면 하늘이 주지 아니한 부와 귀와 세력을 거짓 지식과 속이는 술수로 얻어서 부자요, 형통한 자라고 믿는다는 것이다. 이것이 텅 빈 사람이요, 부풀려진 사람이라는 것이다. 진리가 몽롱하고 관찰이 애매한 세상에서 까닭도 알지 못하고, 이런 자를 성공자라 또는 행운아라 하여 준다. 여기에 혹하여지면 의지가 박약한 사람들은 주관적, 또는 종교적 광명이 몽롱해진다. 그러나 하나님의 도(道)는 애매하거나 몽롱한 것이 아니라 정확하고 명백한 것이다. 하나님의 해답하신 말씀대로 묵시는 정한 때가 있다. 말하자면 심을 때도 있고, 거둘 때도 있는 것과 마찬가지로 의인의 고난을 묵과하는 때가 있으면, 형통케 하는 때도 있을 것이고, 악인의 교만을 묵인하는 때가 있으면, 징벌하는 때도 있다. 악한 자의 종말은 속히 이른다. 결코 거짓되지 아니하다. 비록 더딜지라도 지체하지 아니하고 정녕 응한다. 악한 자의 패망이 오는 것과 함께 의로운 자의 형통도 오고야 말 것이다.

그러기 때문에 성서의 교훈은 "악인의 형통을 부러워하지 말고 마음으로 항상 여호와를 경외하라"(잠 23:17,8), "행악한 자를 인하여 불평하지 말며 불의를 행하는 자를 투기하지 말지어다. 저는 풀과 같이 속히 베임을 볼 것이며 푸른 채소와 같이 쇠잔할 것이니라….”(시 73:1-17)하였다. 의인의 생활 방식은 보이는 바대로 살지 아니하고, 하나님의 진리를 사랑하고 믿음으로 산다.

영국의 어느 황제가 하나님이 계신 줄을 어떻게 아느냐고 질문하였는데, 그 궁내 대신은 서슴지 않고 유대인을 보아 하나님이 계신 줄을 안다고 대답하였다는 말은 너무나도 유명하다. 그렇게나 강성하였던 바벨론은 오늘에 와서는 그 자취를 찾을 수 없으리만치 소멸되어 사라졌지만 유다는 오늘에 와서는 국민성이 가장 강한 국가로 세계에 알려져 있다. 어떻게 보면 허위와 거짓이 때로는 성공의 길에 빠르기도 하고, 폭력이 정의를 누르는 일도 있어 인과율이 모순된 듯이 보이는 일이 세상에 많을 것이다. 신앙의 사람은 거기에 동요되지 아니하고 하나님의 진리에 안거(安居)하며 희망 중에 산다.

2) 하나님을 즐거워하는 믿음으로 살리라

참된 믿음은 하나님을 사랑하고 그를 즐거워 하기에 이른다. 하박국은 자기의 나라가 불신하고 우상숭배 하는 적국보다 쇠약하여지는 데에 대하여 자기의 기대에 맞지 아니한다고 하여 공의에 대하여 회의를 가졌던 것인데, 저는 신앙보다 신앙의 결과를 기대하였다. 거기에 대한 하나님의 해답은 의인은 믿음으로 말미암아 살리라 하신 것이다. 하박국과 마찬가지로 많은 사람들이 믿음에 대한 보상을 먼저 생각한다. 즉, 믿으면 질병이 낫는다는 것, 믿으면 가산이 부유하여진다는 것, 믿으면 사업이 흥왕하여진다는 것, 믿으면 문화적 혜택을 받는다는 것, 그 외에도 여러 가지 실리적인 점을 들어 믿음의 결과를 생각한다. 그래서 믿음이 만일 아무 유익이 없으면 믿어 무슨 소용 있냐고 반문한다. 물론 하나님은 축복하시는 처지에 계시고, 인간은 축복받는 자의 처지에 있는 상호 간의 관계에서 그렇게 생각하는 것도 무리는 아닐 것이다.

그러나 믿음이라면 모두 훌륭한 일이라 볼 것이지만, 믿는 내용에 따라 모두 같은 것은 아닐 것이고, 깊고 얕음의 차이와 어른과 아이의 구별은 있을 것이다(고전 3:12). 어떤 실리적이나 유익 된 점을 믿음의 목적으로 한다면, 그것은 이욕에 끌리는 것이니 그래도 그것을 순수한 믿음이라 할 수 있을까? 자기를 위하여 하나님을 이용하는 일에 불과할 것이니 그것을 과연 믿음의 본령이라 할 수 있을까? 참된 믿음은 이러한 자기 사랑하는 일, 그 외에 의의가 있지 않으면 안 될 것이다.

여기에서 우리가 믿는 하나님을 생각하자면, 그는 사랑과 능력으로 천지 만물을 지으신 이요, 당신과 교제하는 사랑의 대상으로 인류를 창조하신 하나님이요, 영원한 진리로 인류를 인도하시는 하나님이요, 죄 중에 빠진 인생을 건지시기 위하여 십자가에 달리신 하나님이요, 우주와 인생을 완성하실 하나님이시다. 그가 하시니, 그 행사도 선하시고 그가 거룩하시니, 그 말씀도 거룩하시다 그 율법은 완전하여 영혼을 소성케 하고 그는 확실하여 우둔한 자로 지혜롭게 하며 그 계명은 순결하여 눈을 밝게 한다. 우리는 이 하나님 외에 누구를 믿으며, 이 하나님을 따르지 아니하고 누구를 따를 것인가. 우리의 믿음이란 이러한 하나님을 사랑하고 저를 즐거워하고 저와 사귀는 것이다.

저에게 이끌리는 것이다. 저에게 전 생애를 드리는 것이다. 진정으로 하나님을 믿는 자의 심정은 그를 사랑하고 즐거워하는 믿음이 간절하여 이런 사람의 최대 소원은 자기의 유익이나 행운이 아니라, 자기를 남김없이 그에게 드리려는 일이요, 어떻게 해서라도 그분만을 기쁘시게 하려는 정성뿐이다. 믿음은 결코 실리적인 것으로 생각할 것은 아니다. 여기에 대하여 욥의 한 말을 옮겨 본다면 "그가 나를 죽일지라도 나는 그를 의뢰하리라"(욥 13:15) 한 것은 실로 진실한 신앙자의 말일 것이다. 예수님 당시 마리아는 자기의 미래를 위하여 준비하여 두었던 값진 나드향을 예수님의 장사를 위하여 아낌없이 옥합을 깨어 부어 드렸다. 바울도 사나 죽으나 자기 몸에서 그리스도만 존귀케 하려는 것이고, 그의 소원은 오직 자기의 목숨이라도 관제로 드리는 것을 기뻐한다고 하였다.

그 외에도 역대 믿음의 성도 중에 세상이야 알든 모르든 주님만을 사랑하고 즐거워하여 그 생애를 드린 사람들이 얼마든지 있을 것이다. 실리적인 데가 아니라 자기 몸을 버리는 희생적이요, 헌신적 신앙이었다. 믿음으로 산다는 것은 이같이 믿을 만한 이를 믿어, 그를 즐거워하고 사랑하면서 사는 생활인 것이다.

우리는 어떻게 살까? 믿음으로 말미암아 살아야 하리라. 바울도 믿음으로 행하고, 보는 것으로 행하지 아니한다고 하였다. 믿음으로 산다는 것은 진리를 의지하여 환경에 흔들리지 않고, 자기 확립하는 것이며, 실리에서가 아니라 헌신하면서도 하나님을 즐거워하고 사랑하여 사는 일이다.

괴테는 말하기를 인간의 착하고 아름다운 점은 환경의 지배를 받지 아니하는 데에 있다고 하였다. 인생을 신앙으로 사는 데서만이 이런 착함과 아름다움에 이르게 된다. 세상은 어떠하든지 사람들의 비판은 어떠하든지 또 사업의 성공 실패를 헤아릴 것도 없이 다만 진리의 빛에서 하나님께 이끌리면서 무인지경(無人之境: 사람이 살고 있지 않은 외진 곳)을 독보(獨步: 남이 감히 따를 수 없을 정도로 혼자 앞서감)하듯이 믿음으로 억세게 달릴 것뿐이다.

21

인생을 귀하게 여기신 예수

본문: 마태복음 12:1-21

예수께서 인생에 대한 관심이 어떠하심을 읽을 수 있으니 즉, "나는 자비를 원하고 제사를 원치 않노라.", "사람이 양보다 얼마나 귀하냐?", "상한 갈대를 꺾지 아니하시고 꺼져가는 심지를 끄지 아니하신다"라는 말씀들은 인생을 얼마나 자비하게 여기시고 귀하게 여기신다는 사실을 보여주고 계신다.

어떤 이는 사람을 하나의 기계로 보기도 한다. 그러나 인생은 영적인 존재로서 실로 귀중한 것이다. 여섯 자 내외밖에 되지 않는 체구를 가지고 있지만 그에게 신령한 생활을 누리게 되어 있는 특권은 실로 숭고한 것이다.

야곱이 꿈에 본 사닥다리처럼 그 기점은 땅에 세워져 있으면서도 그 꼭대기는 하늘에 닿아 있다. 그 위에는 하나님의 사자들이 오르락내리락하고 하나님의 음성은 거기에서 나타난다. 이같이 하나님과 사람과 결합하여서 그 생의 진귀성이 정점에 달하게 되는 것이다. 이같이 그 땅을 근거로 하여 영의 세계에 그 생을 전개하는 것이 바로 인생이다.

1) 인간들은 외모로만 인생들을 봄

인간들은 인생을 외모로만 보아 구별하고 있다. 예수의 제자들이 어린아이와 어른을 구별하여 어린이를 데리고 예수께 오는 것을 금하였다(막 10:13-16). 야고보도 사람을 외모로 취하여 교회에서 가난한 자와 부자를 구별하는 것을 비난하였다(약 2:1-6). 이는 그 당시의 사정을 말하여 주는 것이지만, 세상에서는 외모로 구별하는 것이 통례가 되었다.

현실 사회에서는 사업을 진행할 때 피치 못할 사정이 있기는 할 것이다. 그러나 하나님 앞에서 인생을 생각할 때 마땅히 없어져야 할 외모의 구별이 우리에게 있게 되는 것은 유감이라 아니할 수 없다.

나에게는 딸만 7형제를 둔 친구가 있다. 그 일곱째 딸을 낳았다는 소식을 들은 나는 "또 딸이야?" 하는 불만의 소리가 나도 모르게 입에서 터져 나왔다. 그 후 나는 혼자서 부끄러워하는 마음을 가슴에 새기게 되었다. 왜 하나님으로부터 주어진 인생의 숭고함을 생각하지 않고 남자니, 여자니 하는 딱지를 붙였느냐, 사람을 외모로 보는 것이 아니고 무엇인가 하는 것이었다.

같은 자녀인데도 부모들은 여식과 사내아이를 구별하여 본다. 같은 자식인데도 성공이냐, 출세냐, 구별하여 본다. 같은 여식인데도 그 시집이 부하냐, 가난하냐, 구별하여 대우하고 취급한다. 사회에서도 학벌로 구별하고, 재벌로 구별하고, 지연으로 구별하고, 혈연으로 구별하고, 지위가 있느냐, 세력이 있느냐로 구별한다. 심지어 신형인지 구형인지 타고 다니는 자동차로 구별하여 교제한다는 말까지 있다.

그것이 이 세상의 현상이다. 나에게 이로운가, 해로운가, 필요한가, 불필요한가, 얻는 것이 될까, 잃어버리는 것이 될까, 구별하여 보는 것이다. 우리가 현실을 무시할 수는 없다. 그러나 인생을 그 본연에서 보지 않고 너무나 자기와의 관계에서 보려는 데에서 이러한 결과가 온 것이 아닌가 한다. 말하자면 모두 자기중심의 공리심이 척도가 되어 구별하는 것이다.

여기에서 인생, 그 자체는 완전히 무시되어지게 되었다. 그 숭고함이 짓밟히고 말았다. 그 결과로 이 사회에는 불평, 불만, 원망, 투기, 자고, 교만, 멸시, 학대, 살육 등

등 가지가지의 추악함과 험악함이 연출된다. 이것이 평화로워야 할 인류 사회가 도리어 생지옥이 된 까닭이다.

2) 인간을 귀하게 보신 예수

예수께서는 인생을 외모로 구별치 아니 하시고 그 본래의 숭고함에서 보신 것이다.

"너희는 이것들보다 귀하지 아니하냐?" 하셨다. 인생이 조성될 때 하나님은 "그 형상대로", "그 모양대로" 지으셨다고 성서에 기록되었다. 그런데 영이신 하나님에게 모양이나 형상이 있을 수 없고, 여기 말을 다른 의미로 볼 수 있지만, 인간은 하나님과 교제할 수 있는 서로 통하는 점이 있는 영적 존재자로 조성되었다는 것으로 볼 수 있다.

무수한 피조물들 중에 하나님과 교제를 대상으로 된 자는 오직 인생뿐이다. 인생은 그만큼 숭고함을 가진 자다. 불경에 보면 "인생은 받기 어렵다"(人生難受)라는 말이 있다. 인생으로 한번 태어난다는 것은 참 어렵다는 것이다. 다시 말하여 인생은 무한으로 귀하다는 것이다.

하나님께서 당신님의 영을 주입하시면서 창조하셨던 인생은 실로 귀한 존재인 것은 틀림없는 사실이다. 이러한 인생이 하나하나 태어날 때, 너무 신기하여 우주가 찡그렁 울리게 될 것이다. 우리는 알지 못하였지만 자기가 태어날 때, 우주는 무한 기뻐하였을 것으로 생각하여도 좋을 것이다. 인간들은 이것을 생각지 아니한다.

예수의 인생관은 그렇게 외모로 보지 않고. 그 본래 숭고함에서 보신 것이다. "너희는 이것들(동물들)보다 귀하지 아니하냐?", "사람이 만일 온 천하를 얻고도 제 목숨을 잃으면 무엇이 유익하리요, 사람이 무엇을 주고 제 목숨을 바꾸겠느냐?" 하셨다.

어린아이를 무시하는 제자들의 행동을 도리어 불쾌하게 여기신 것은 그로서는 당연하였다. "인생을 향하여 노하는 자마다 심판을 받게 되고 형제를 대하여 라가라 하는 자는 공회에 잡히고 미련한 놈이라 하는 자는 지옥 불에 들어가게 된다"라고 하셨다(마 5:22). 다시 말하자면 하나님으로부터 주어진 인생의 숭고함을 멸시하는 자는 거기에 합당하게 천벌을 받을 것이다. 예수님은 이렇게 인생을 귀하게 보신 것이다.

사람을 미워하는 것이 왜 죄가 되느냐, 인생을 해롭게, 괴롭게 하는 까닭일 것이다. 반대로 사람을 사랑하는 것이 왜 하나님의 기뻐하신 바가 되느냐, 하나님의 조성하신 인생을 대하여 찬조하는 것이요, 호의를 베푸는 일이 되고, 유익하게 하여 주는 것이 되기 때문이다. 미워하는 것은 하나님의 지으신 인생을 아무렇게나 깎아내리는 것이 됨이니, 성서는 미움을 살인하는 행위로 본 것이다. 남을 사랑하는 것은 그 인생을 복되게 하는 것이니, 그 영혼을 사망에서 구원하는 것이 된다. 예수는 무슨 까닭으로 사회에서 버림받은 품성이 더러워진 세리, 창기, 죄인들의 친구가 되었나. 십자가에 죽는 악한 강도에게까지도 위로를 주시고 소망을 주셨는지, 알지 못하고 보지 못한 세상 죄인들을 위하여 귀한 생명까지 버리시기까지 하셨는가. 저는 어떠한 자라도 인생이기만 하면 무한한 숭고함을 가지고 있는 것으로 아셨기 때문이다.

어떠한 죄인이라도 구별할 것 없이 그 죄에서 벗어나게 해 주기만 하면 하나님과 함께 교제할 수 있는 영생의 생명을 누릴 수 있는 것을 믿으셨기 때문이다.

인자는 안식일의 주인이라고 하신 말씀은 자신의 권위를 말한 것도 되지만 인생들이 "숨을 돌리게"(출 23:12) 하는 안식의 정신으로 인생에게 자비를 베푸시는 사랑의 말씀으로 선언하신 것이다.

예수는 이러한 존귀성만을 아신 것으로 다만 말로만 교훈하신 것이 아니라 인생, 그것을 친히 몸소 사랑하신 것이다. 이 정신을 받은 근대의 사상계에서는 인간들끼리 외모로 구별하는 사람 이상의 사람도 없고, 사람 이하의 사람도 없다는 평등적인, 그리고 구별하는 한계를 철폐하고 인류 박애를 제창하기에까지 이른 것이 되었다.

 인생을 귀히 여기고, 증진케 하고, 복되게 하는 것은 하나님이 가장 기뻐하시는 일이 될 것이다. 인생을 귀하게 여기시어 행하신 것이다. 예수의 전 생애와 죽음을 전적으로 하나님은 향기로운 제사로 받으신 것이 되었다. 우리는 신앙을 원하는가? 예수께서 당신님의 생명과 맞바꾸리만치 나의 인생을 귀히 여기는 줄을 알아서 어서 신앙을 시작할 것이다.

 신앙은 나의 인생을 귀히 여기시는 예수의 품에 안겨지는 것이다. 이것이 인생의 행복 터전이다. 또 우리 생활에서도 사람의 마음이 개발되었다는 것은 기계를 연구하여 만들어진 것으로 달나라나 왕래하는 따위의 일인가, 아니다. 인생의 존귀성을 잘 알고, 따라서 인생을 사랑할 줄 아는 것이 심령의 개발이다.

 황금률이라고 하는 예수의 말씀은 곧 네가 남에게 대접을 받고자 하는 대로 남을 대접하라 하신 것인데, 달리 말하면 네가 행복해지고자 하는 대로 남을 행복하게 하여라, 자기의 인생이 귀한 줄로 알거든, 남의 인생도 귀한 줄로 알라는 뜻으로 받을 수 있는 교훈이다. 이것이 예수의 발자취이다. 인생을 귀하게 여기는 것 여기까지 도달하여야….

22

하나님의 향연

본문: 누가복음 14:15-24

이 본문의 말씀은 큰 향연의 비유다. 그 주인공은 모든 것을 부하게 준비하여 유대인을 비롯하여 각 국민과 개인을 초청하는 향연이다. 우리가 하나님 앞에 나아왔다는 것은 결국은 이 초청하심에 응하여 온 자들이다. 그러면 어찌하여 향연을 열어 주시는가?

1) 예수 그리스도의 은혜에 배부르게

바울은 예수를 유월절 양이라고 (고전 5:7) 비유하였다. 예수님께서도 인류가 참 먹을 양식은 당신님의 살이요, 참된 음료는 자신의 피라고 하셨다. 세상에 썩을 양식에 비하여 당신님이야말로 참 생명의 양식이라 하신 것이다.

이 초대는 결국 예수로 배 불리는 것이다. 교회에 다니면 누구나 이러한 인생의 참 양식을 배불리 먹을 수가 있는가. 그렇다고 대답할 수 있지만, 사실은 그렇지 못하여 신자들이 먹지 못할 것을 먹어 의식에 얽매여 있기도 하고, 제도에 매여있어 사실적으로 영양부족에 걸려 있는 자가 많다.

"내가 아버지로 인하여 사는 것 같이 나를 먹는 그 사람도 나로 인하여 살리라"(요 6:57) 하신 예수로 말미암은 삶이 있어야 할 것이다. 예수의 생명의 능력이 우리 속에 충만케 되어서 죄와 사망의 법에서 해방되어 육체를 어거하고 피 흘리기까지 죄를 대적하고, 하나님을 기쁘시게 하는 생활의 실력이 배부르게 되는 일이다. 망할 자가 망하지 않을 자로, 죽을 자가 죽지 않을 자로, 변화되는 은혜다.

2) 그 아버지와 화평의 얼굴에 배부르게

사람에게는 위로되는 일이 많다. 사업 성공되면 배불러 위로 될 수 있고, 재물로, 명예로, 가정으로, 좋은 친구들로, 위로되는 일이 있다. 그러나 이것은 일시적이요, 잠정적인 일에 불과하다. 그보다 더한 배부름이 있어야 하는데, 이것을 알지 못하면 다른 위로를 얻었다 할지라도 이 물을 마시는 자는 다시 목마를 것이다. 그러나 참인생의 위로는 하나님과 화평한 관계에 들어가서 주어지는 하나님의 기뻐하시는 얼굴이다. 시인 기자는 여호와의 얼굴을 구하였다(시 4:6).

천지 만물을 창조하시고 하나님의 보시기에 좋았더라고 하시고, 그 좋아하시며 만족해하시는 희열이 얼굴에 나타나 그 얼굴로 주시는 은혜이다. 우리의 반역을 분노하시는 얼굴, 우리의 죄악을 슬퍼하시는 얼굴이 변하여 기뻐하시는 얼굴이 우리에게 배를 불리시는 잔치다. 위로라면 이에서 더할 것이 없다.

가령 탕자가 부친에게 돌아와서 송구하고 불안한 마음으로 전전 긍긍하였을 때, 부친이 좋은 의복, 금가락지, 그것보다 부친의 반기시는 얼굴이 저에게 무한 위로되었을 것이다. 우리가 참 마음으로 하나님께 올 때에 그 얼굴의 기쁘심으로 배부르게 된다. 이 모든 것을 주시기 위하여 우리를 초대하시는 것이다. 하나님 아니면 주실 수 없는 잔치다. 신앙한다는 것은 결국 부르심에 돌아오는 것이다. 오병이어의 향연에 있는 자는 모두 포식 되어 있는 것이다.

23

하나님의 성덕

본문: 요한복음 17:1-8

　이 본문은 예수께서 기도하신 내용인데, 여기서 보면 인류의 영생 여건은 과학에 있지 아니한 것은 물론이요. 철학이나 그런 것들에 있는 것도 아니라, 유일하신 참 하나님을 아는 것이라 하였다. 생각하면 인간들이 하나님을 아는 것보다 더 복된 일은 없을 것이다.

　이런 의미에서 하나님은 인간들에게 다른 그 무엇보다도 될 수 있는 대로 당신을 알게 하여 주시려고 노력하고 계신다. 이것이 우리에게 종지(終止: 끝마치어 그침) 되는 축복이 되는 까닭일 것이다. 여기에서 하나님의 성덕에 대하여 몇 가지 말한다면

1) 전능하신 하나님은 아무도 경시치 아니하심(욥 36:5)

우리가 생각할 때 하나님은 과연 전능하시다. 없던 중에서 말씀으로 우주를 조성하셨고, 또 그것을 부지(扶持: 보존하고 유지함)하시며 운행하신다. 거기와 비교하여 볼 때에 피조물인 인간들은 어떠한가. 어떤 이가 말하는 대로 태평양 바다에 한 알의 좁쌀에 불과할 것이다. 또 어떤 이는 인간을 평하기를 하루살이에게도 치여 죽을 자라고 하였다. 하나님에 비하면 그같이 약소하고 그같이 유약하다는 것이다. 이 같은 인간 중에도 또 더 약한 자, 더 적은 자가 있으니, 이것을 어찌하랴.

그러나 그렇게 전능하신 하나님이시지만 아무도 멸시하시지 아니하신다는 것이다. 인간들은 자기만 못한 자에게 멸시하는 것은 보통이다. 그러나 하나님은 약한 자를 멸시하시기는커녕 도리어 연휼(憐恤: 불쌍히 여겨 도와줌)이 여기신다. 성서에 말씀하시기를 갈대를 꺾지 아니하시고, 꺼져가는 심지를 끄지 아니하신다.

그뿐 아니라 꺼져가는 등불에도 기름을 더하여 불을 일으키신다. 즉 세상에서 멸시받는 자, 가난한 자를 택하여 복음으로 부요케 하시고(약 2:5), 약한 자를 택하여 강한 자를 부끄럽게 하시며, 미련한 자를 택하여 지혜 있는 자를 부끄럽게, 천한 것, 멸시받는 것을 택하여 있는 것을 폐하신다(고전 1:27-28).

약한 자에게 멸시가 아니라, 도리어 이같이 연휼히 여겨 주신다. 우리는 자기의 약한 것을 슬퍼하는가. 자기의 미련한 것을 깨달음이 우선이다. 자포자기하거나 열등감에 눌릴 것이 아니라 하나님 안에서 그 연휼히 여기심을 힘입어 머리를 들고 일어서라, 기쁘고 즐거워하라

2) 높이 계셔도 낮은 자를 돌아보심(시 138:6)

이 우주에서 하나님이 제일 높으신 것은 사실이다. 하나님은 고귀한 것을 기뻐하여 혼자서 만족하여 계시는 것이 아니라 스스로 자기를 낮추어 인류를 돌보시고, 특히 낮은 데 있는 성도들을 사랑하시고 권고하신다.

미리 말하여 둘 것은, 낮은 자를 돌아보신다니까 높은 자나 위대한 자는 도외시한다는 것이 아니라, 높은 자에게도 권고하실 것이다. 왕에게 지혜와 총명을 주시고 부귀와 영광을 주시기도 한다(왕상 2:12-13). 또 높은 자들에게 권세를 주시기도 한다(롬 13:1). 낮은 자를 돌아보신다는 것은, 세상은 천한 자, 낮은 자를 버리지만, 하나님은 그것까지도 돌아보신다는 것이다. 그뿐 아니라 낮은 자에게는 더욱 권고하신다는 것이다. 이렇게 생각할 때 과부의 재판장이요, 고아의 아버지라고 하는 말을 우리는 이해할 수

있다.

우리 주님께서 말씀하신바, "어느 사람이 양 일백 마리가 있었는데 그중에 하나를 잃으면 아흔아홉을 우리에 두고, 그 잃은 것을 찾도록 찾아다니지 아니하겠느냐? 또 찾은즉 즐거워 어깨에 메고 집에 와서 그 벗과 이웃을 불러 모으고 말하되 나와 함께 즐기자 나의 잃은 양을 찾았노라 하리라 내가 너희에게 이르노니 이와 같이 죄인 하나가 회개하면 하늘에서는 회개할 것 없는 의인 아흔아홉으로 인하여 기뻐하는 것보다 더 하리라"고 하셨다.

특히 하늘에서 기뻐하겠다는 말에 주의할지니, 하나님 앞에서 낮은 자라고 하여 죄인 된 자 보다 더 낮은 자가 또 있으리오마는, 그러나 하나님은 아흔아홉의 의인보다도, 더 큰 관심을 가지시고 돌아보신다는 말씀이다.

또 사회적으로 본다면 부자의 문간에 앉아 그 상에서 떨어지는 부스러기를 주워 먹으면서 연명하여 가는 거지보다 더 낮은 자가 어디 있겠는가만은 하나님은 그이를 잊지 아니하시고 그가 죽은즉 천사를 시켜 아브라함의 품에 안기게 하셨다. 이 세상에서 많이 눈에 띄는 것은 약한 자, 천한 자, 낮은 자들인데, 이들은 언제나 밟히는 취급을 받아 온 것이다. 그러나 하나님 안에서는 그런 것은 없다. 우리 주님께서 문도(門徒: 이름난 학자의 사문에 있는 제자)들에게 하신 말씀을 보면 내가 너희를 씻지 아니하면 너희와 상관이 없느니라 라고 하셨다. 하나님의 아들 우리 주님은 죄인의 친구가 되시었고, 추한 자의 씻음과 약한 자의 높임과 우는 자의 위로와 멸망자의 대신이 되시었다.

3) 겸손한 자와 함께 하심(사 57:15)

함께 하신다는 말은 위에 말한 멸시치 아니한다는 것이다. 또 돌아본다는 것과도 달리 겸손한 자의 생애에 들어오시어 고락을 함께하여 주신다는 것이다. 당신의 자녀들이 고난을 겪게 되면, 하나님은 그 고난을 함께 고뇌하시고(사 63:9), 혹시 태산 같은 난관을 당할지라도 하나님이 함께하셨으므로 요셉은 보디발 아내의 악착같고 끈질긴 유혹에서도 승리하였다.

불행히도 억울하게 투옥되었지만 하나님이 함께하여 주셨기 때문에 전옥(典獄: 교도소의 우두머리)에게 은혜받게 되었고, 하나님이 함께하여 주시었기 때문에 형통한 자가 되었다. 그래서 저는 노예로 이방에 팔려 간 고아 아닌 고아로서 일약 이집트 대제국의 총리대신이 되었다. 하나님이 함께하여 주신 자의 인생의 결국은 누구나 승리인 것은 틀림없는 일인 줄을 믿는 바이다. 그런데 크게 주의할 것은 하나님은 교만한 자에 대하여서는 기어코 물리치시고, 겸손한 자에게 함께하시는 일이다. 위에서 요셉을 말하였지만, 그가 얼마나 겸손하였는가? 미디안의 대상들에게 팔려 넘어갈 때도 그저 겸손하였고, 억울하게 투옥될 때도 보디발에 대한 불평이나 아내에 대한 원한이 없이 겸손하였다. 옥중에서 사귄 술맡은 관원에게 배신을 당하였을 때도 겸손하였다.

겸손했다고 하는 것은 곧 하나님께 맡겨두고 신뢰하였다는 것이다. 하나님이 아니시면 고립된 저에게는 아무도 보아줄 자가 없었다. 하나님은 이러한 겸손한 자에게 함께하여 주신다. 겸손은 인간들 앞에서는 실패인듯하지만, 하나님과의 관계에는 속으로 더욱 긴밀하여지는 것이다. 겸손은 하나님을 얻는 유일의 길인 것이다. 겸손한 자에게 하나님은 함께 하신다. 우리가 하나님의 성덕(聖德: 임금의 덕을 높여 부르는 말)에 대하여 생각하려면 얼마든지 있을 것이다. 이렇게 다만 몇 가지로만 생각한 것이다.

우리의 신앙은 자기를 반성하는 것도 필요하다. 그러나 신앙은 밖을 아는 데에서 광명이 얻어지는 것이다. 그래서 예수께서도 영생을 유일하신 참 하나님을 알고, 또 그 보내신 예수 그리스도를 아는 것이라 하셨다. 이 외에도 성서에는 "그러므로 함께 하늘의 부르심을 입은 거룩한 형제들아 우리의 믿는 도리의 사도시며 대제사장이신 예수를 깊이 생각하라"(히 3:1) 하였다. 또 "예수를 바라보라"(히 12:2) 하였다.

자기 자신을 보면 근심과 실망과 부끄러움밖에 발견될 것이 없다. 그러나 예수의 은혜를 생각한다든지, 하나님의 덕을 생각하여 그를 받아들이기만 하면, 희망이 오고, 기쁨이 있고, 용기도 오고, 생명도 넘치게 된다. 과연 여호와 하나님을 기쁘게 하는 것이 우리의 힘이다(느 8:10).

24

아버지이신 하나님

본문: 마태복음 7:7-12, 누가복음 15:11-32

이방인들은 하나님을 알기를 만물을 지배하고, 천지를 조성한 자로 소문을 들어 그에게 무한한 권세가 있음을 느꼈다. 동양인들은 하나님을 도리, 혹은 법칙으로 알고 있었다. 우주 만물에 일정한 법칙이 있고, 이치가 있는데 이것을 신이라고 보았다. 희랍인들은 하나님을 지식, 즉 이지(理智: 이성과 지혜)로 보았고, 히브리인들은 하나님을 거룩함으로 보았다.

예수 그리스도는 우리에게 하나님을 말하여 주실 때, 하나님은 아버지라고 가르쳐 주셨다. 이러한 확고한 의미는 예수로 말미암아 알려졌다. 하나님은 어떻게 보면 권세 아님이 아니나 사실은 그 이상의 것이요, 도리 아님이 아니라 그 이상의 것이요, 지식 아님은 아니나 그 이상의 것이요, 거룩하셔서 죄를 미워하시지 않는 것은 아니나 그 이상이시다. 저는 아버지이신 하나님이다.

이는 창조자라는 의미도 있을 것이지만, 사랑하는 자라는 의미로 아버지라 부르는 것이다. 사랑하는 일에 있어 아버지이면 그만이다. 사람들이 하나님을 사랑하는 아버지라는 것만 발견하여도 그 이상의 행복은 없을 것이다. 그러므로 시편 기자는 "주밖에 나의 복이 없다." 하였다(시 16:2).

1) 죄인들에 대한 사랑의 아버지

우리는 생각나는 대로 하나님은 선한 자의 하나님이요, 의로운 자의 아버지인 것으로 알고 있었다. 그러나 예수 그리스도의 말씀하심에 의하여 보면, 죄인에 대한 사랑의 아버지이셨다. 불신자들은 말할 것도 없고, 다른 이들까지라도 선한 자를 사랑하시는 줄을 알겠지만, 막중한 죄인들까지도 사랑하신다는 것은 알지 못하고 있을 것이다. 하나님은 의로운 자도 사랑하시지만, 죄인들도 사랑하여 주시는 아버지시다.

예수의 유명한 탕자 비유에서 하나님은 죄인에 대하여 어떤 태도로 계시다는 것을 알 수 있으니, 거기에서 보면 인류는 누구나 할 것 없이 모두 탕자이다. 저는 아버지를 떠나서 될 수 있는 대로 아버지 없이 살기를 좋아한다.

탕자가 그 아버지를 떠남으로 가산이 탕진된 것처럼 하나님을 떠난 인간들은 그것으로 인하여 양심도, 도덕도, 심하게는 건강까지도 탕진한 자들이 되었다. 하나님은 그럴지라도 그를 사랑하시어 돌아오기를 기다리고 계신다.

"여인이 어찌 그 젖먹이는 자를 잊겠으며 자기 태에서 난 아들을 긍휼히 여기지 않겠느냐 그들은 혹시 잊을지라도 나는 너희를 잊지 않을 것이라"라고 하셨다.

이는 인간들의 반역으로 받으신 마음의 상처를 초월한 끊으려 해도 끊을 수 없는 아버지 자신의 측은한 마음을 억제치 못하는 애정의 발로에서 어찌할 수 없는 일일 것이다.

배반한 자를 생각지 않는다고 하지만 저절로 생각하여지는 아버지의 마음이다. 그러다가 돌아오는 자 있어 눈에 띄기만 하면 달려가 목을 안고, 입을 맞추고, 제일 좋은 옷을 내어 입히고, 가락지를 끼워주고, 살찐 송아지를 잡고, 기뻐 잔치하며, 내 아들은 죽었다가 다시 살아났으며, 내가 잃었다가 다시 얻었노라고 하며 즐겨하는 것이다. 이분이 바로 하나님이시다. 사람으로는 할 수 없는 일이다. 사람의 생각에서 벗어나는 사랑의 아버지다.

다시 말하면 사람은 하나님을 멸시하고, 배반하고, 상하게 하고, 아프시게 할지라도 하나님은 그렇다고 탓하지 아니하시고, 도리어 그러한 범죄자를 구원하기 위하여 십자가에서 죽으셨다.

선인이나 의인을 구원하시고 기뻐하시는 것이 아니라, 배반하고 반역하는 자를 위하여 구원의 길을 열어 주시는 것이다. 이러한 아버지의 사랑은 사랑할 수 없는 자까지 사랑하시는 사랑이다. 말하자면 모순적 사랑이라 할까?

이러한 아버지의 사랑이 한번 깨달아지기만 하면 그 영혼은 생명과 소망을 얻게 된다. 나면서 의인인 것보다 회개하는 죄인을 더욱 사랑하신다. 자기의 맑고 결백한 것을 자랑하는 자 보다, 죄를 슬퍼하는 자를 더욱 사랑하신다. 아버지의 사랑은 대양과도 같아서 도도한 탁류와 더러운 것을 하룻밤 동안에 흡수하여 맑게 하시며, 또 대공(大空: 광활한 하늘)과도 같아서 흐려진 오염과 매연을 한 줌에 호흡하며 정결케 하신다. 그리스도교는 죄인의 종교다. 건강한 자의 의원이 아니라 병든 자의 의원이다. 우리는 덕행으로써 몸을 깨끗이 하고자 아니하고, 전신이 더러운 이대로 돌아와 하나님께 바쳐 하나님의 깨끗하고 맑게 하심에 참여코자 하는 것이다. 이것이 신앙이다.

2) 기도를 들어주시는 사랑의 아버지

하나님은 죄인만 사랑하시는 것이 아니라 귀순한 자녀들에게도 극진한 사랑을 베푸시는 것이다. 여기에 대하여 여러 가지 점을 들 수 있으나, 특히 기도의 청납(聽納: 남의 말을 듣고 받아들임)하심에 대하여 생각하기로 한다. 사람이 사는 것은 바람이 불려면 불고 말려면 말고, 구름이 흐르려면 흐르고 말려면 말라는 듯이 인생도 살려면 살고 말려면 말고, 일이 되려면 되고 말려면 말라는 식으로 되는대로 사는 것이 아니다. 숭고하고 진실한 생활일수록 그 사람은 더욱 의욕적일 것이다. 거기에서 절대자에게 기대를 던지고 의존하여지는 것이어서 기도하는 것은 이런 경우에서 저절로 되는 것이다.

거룩한 것을 개에게, 진주를 돼지에게 주지 말라는 것은 그들은 거기에 대하여 의미를 모르고, 의욕 없는 것들이다. 의욕 없는 자에겐 아니 주신다(렘 29:11-13).

"너희 중에 누가 아들이 떡을 달라면 돌을 주며 생선을 달라면 뱀을 줄 사람이 있겠느냐 너희가 악할지라도 좋은 것으로 자식에게 줄줄 알거든 하물며 하늘에 계신 너희 아버지께서 구하는 자에게 좋은 것으로 주시지 않겠느냐?"라고 예수께서 말씀하셨다. 이는 극히 알기 쉬운 말씀이면서도 위대한 진리가 표현된 것이다. 필자는 처음으로 신약성서를 읽다가 이 말씀을 보고 과연 그럴 것이라는 확신을 가지고 일어섰던 일이 있다.

이 말씀은 사람의 부모 됨에 비하여 하나님은 얼마나 선하시고, 사랑하시고, 자비하신 아버지라는 의미가 암시되었다. 그리고 기도를 총납(總納: 전체적으로 들으심)하심에 대하여도 절대 신실하시다는 점이 시사되었다. 인간들도 남에 대하여서는 악할 때도 있지만, 자식에 대하여서는 의롭고 거룩한 것인데, 하물며 하나님이 그 사랑하시는 자녀에 대하여, 거기에다가 독생자의 공로로 드리는 우리의 기도가 허공에 올라가다가 소멸하고 말 것이 아닌 줄은 분명하다. 우리의 기도를 받으시는 분은 바로 사랑의 아버지 그분이시기 때문이다. 그러므로 예수께서는 기도할 때는 이미 얻은 것으로 알고 기도하라고 하셨다.

그러면 우리의 현실에 있어 간구하는 대로 하나하나 허락되는 것인가 하는 것이 궁금한 문제일 것이다. 우리는 믿음으로 기도하지만, 거기에 대한 허락은 아버지의 지혜로운 의사대로 하시는 줄 믿어야 할 것이다. 기도에는 복종과 기대의 태도가 없어서는 안 될 것이다. 그런데도 사실에 있어 응답하지 아니한 기도가 우리에게 많은 듯하여 하나님의 사랑을 의심하게 되는 일도 있다. 그러나 그것은 기도를 소멸하시는 것이 아니라 은혜 베푸시는 시기를 찾으시는 것이니, 기다리지 않으면 안 된다. 남을 위하여 축복하는 것도 그 복을 받을 사람이 없으면 그 축복이 자기에게로 돌아오는 것인데(눅 10:5,6), 아버지는 우리의 기도를 외면하실 리가 없다.

그런가 하면 생선을 구하는 자에게 반드시 그것으로 주시는 것이 아니라, 그 이상 더 좋은 것으로 주시기도 하시고, 떡을 달라고 간구하면 그것만 주시는 것이 아니라, 그 외에 모든 것을 첨부하여 주시는 일도 있다. 하나를 구하면 열 개를 주시기도 하시고, 백을 주시기도 하신다. 설혹 간구한 것이 육적인 낮은 것인데도 영적인 높은 것으로 주시는 수가 있을지언정, 기도를 소멸치는 아니하신다. 이러한 예는 얼마든지 있으니, 솔로몬이 지혜를 구하였는데 부귀와 장수를 더하여 주셨고, 모든 것을 버리고 주님을 쫓은 베드로(마 19:27,28), 요한과 야고보도 좌대신, 우대신, 즉 육신적 세상의 것을 구하였는데 도리어 그들은 무한한 영광스러운 주님의 나라에서 주님의 식탁에서 먹고 마시며 12좌(座)에 앉아서 12지파를 다스리는 지위를 허락받았다(눅 22:30).

아버지는 이같이 그 사랑과 지식대로 우리의 기도를 허락하신다. 우리는 믿음대로 무엇이든지 간구할 것이다. 설혹 잘못 구함이 있을지라도 더 높고 더 풍성하게 응답하신다.

"구하라 그러면 주실 것이요, 찾으라 그러면 찾을 것이요, 문을 두드리라 그러면 열리리라" 하나님은 사랑의 아버지이므로 기적을 행하신다. 사랑이심으로 우주를 창조하셨고, 사랑이심으로 죽은 자를 부활케 하시고, 사랑이심으로 반역자를 구원하시고, 사랑이심으로 자녀들의 기도를 들어 주신다.

하나님을 사랑인 줄 안다면, 하나님에 대해 믿기 어려운 것은 아무것도 없다. 사랑인 하나님을 알고 보면 성서도 어려운 것은 없다. 모두 믿게 될 것이다. 인간의 희망은 하나님을 사랑의 아버지로 아는 여기에서부터이다.

천변만화(千變萬化: 끝없이 변화함)의 세상에서도 영혼은 아버지 사랑의 반석 위에서 호연(浩然: 마음이 넓고 뜻이 아주 큰 모양)이 있게 된다.

25

심령의 축복

본문: 에스겔 36:22-31

　소는 힘으로 산다면, 사람은 마음으로 사는 영특한 존재이다. 마음은 곧 인격의 중심 부분이니 사람의 흥하는 것은 마음부터 흥하고, 사람의 망하는 것은 마음부터 망하여진다. 그래서 하나님은 우리에게 축복하실 때 외부적 여러 가지 일로 하시는 수도 있지만, 더욱 중요한 것은 그 사람의 내부적 심령에의 축복으로 하신다. 하나님은 이스라엘에 "새 마음", "새 영"을 주시겠다고 하셨고, 또 당신의 영을 그들의 속에 두시겠다고 하시었다. 이것이 그들에게 있어서는 무상의 축복이었다.

　그리고 다음으로 "곡식"과 "토지 소산"으로 풍부케 하시겠다고 하셨다(29-30 참조). 과연 심령의 축복은 근본적인 축복이었다. 오늘 우리의 사정에도 또한 그리한다고 볼 것이니 아래와 같이 몇 가지로 심령의 축복을 생각하려 한다.

1) 마음으로 예수를 영접(눅 7:36-49)

이스라엘에 심령의 축복이 주어지게 될 때, 그 목적은 그들이 하나님 앞에서 부드러운 마음으로 가지게 될 것을 의미한 말이다(겔 36:26 참조). 오늘 우리들의 사정에서 보면 예수에 대한 신앙 태도라 볼 것이다. 예수를 믿는다는 것은 곧 예수를 영접한다는 의미이니 그 영접한다는 것도 내면에 들어가서 따져보면 그 정도의 차이가 얼마든지 있다. 가령 대중들이 운집하여 인물도 알지 못하면서 큰 깃발을 흔들고 고함을 치고, 박수를 치며, 정치적으로 동원되어 환영을 하듯, 혹은 예수를 세계의 위인으로 모시어 숭배하기도 하고, 혹은 문화 종교의 교주로 대환영하기도 하는가 하면, 혹은 예수의 초상화나 한 폭 얻어 걸어놓고 자기도 어지간히 예수 신봉자라고 하는 자들도 있다.

보라, 바리새인 시몬이 식사를 대접하겠다고 식사를 청하여 자택에 모셔두고, 유대 손님에 대한 초대 인사로 하는 발 씻을 물도 드리지 않고, 친애의 예로 입맞추지도 아니하고, 겨우 나그네 대접하듯이 하였다. 우리가 예수를 그런 태도로 영접하여서는 안 될 것이다.

극히 심절(心折: 마음이 꺾임, 진심으로 경탄함)한 태도로 할 것이니 마치 중병 자가 자기를 살려 주기를 바라며 기대와 신뢰로 의사를 영접하듯이 전적으로 아니 하여서는 안 될 것이다.

순진한 여성이 자기를 사랑하고 보호하여 줄 남편에게 존엄과 경애로 영접하듯이 해야 될 것이다. 그보다 더한 심절한 마음, 진실한 마음으로 영접하여야 할 것이다.

박사나 세력가들을 따라다니면서 그저 죄 속하는 말로 예수는 예배당 한 편 구석에 모셔 앉혀두고, 한 주에 한 번씩 면회나 하고 가는 자는 예수를 마음으로 영접하는 자는 아니다. 우리 주님은 박사는 아니다. 가시관 쓰셨다. 세력가도 아니다. 매 맞으셨고 침 뱉음을 받으셨다. 그러나 마음 깊이 영접하기만 하면 저는 우리의 짐을 지고 죽음으로서 죄의 병을 고쳐주시고, 영원의 구원이 되고, 영원한 남편이 되시고, 영원한 사랑이 되어 주신다. 바리새인 시몬에 비해, 세리 삭개오는 하룻밤 동안 주님을 모시고 나서 이 사람도 아브라함의 자손이 되었다는 허락을 받았으니, 그의 예수를 영접한 태도를 짐작할 수 있다. 저는 좋은 심령의 축복을 받은 자였다. 모양이나 형식이 아니라 마음으로 예수를 영접하여야 할 것이다.

2) 마음으로 믿음 (롬 10:10)

　믿음은 자기가 스스로 믿는 것으로 생각하기 쉽다. 자기가 믿는 것이 아니라, 믿어지도록 마음에 은혜받아서 믿는 것이다. 그러면 믿지 아니하는 사람에게는 심령 상 은혜가 없어 그런 것인가? 그런 것이 아니라 은혜를 거절한 까닭으로 볼 것이다. 바울이 마음으로 믿는다고 강조한 것은 사람들이 너무 마음으로 하지 아니하는 신앙 태도를 안중에 두고 하는 말인가 싶다. 유대인들이 예수를 죽일 음모로 빌라도에게 넘겨주고는 저들은 자기 몸을 정결하게 하여 유월절을 지키기 위하여 총독의 관저 안에는 발을 들여놓지 아니했다.

　얼마나 가증스러운 생활이었던가? 식사 전에 잔과 대접과 그리고 팔뚝까지 씻어 정결함을 나타내었던 그들에게 주께서 이르시되 "너희 바리새인들은 지금 잔과 대접 겉을 깨끗이 하나 너희 속인즉 탐욕과 악독이 가득하도다. 어리석은 자들아 겉을 만든이가 속도 만들지 아니 하였느냐"라고 책망하셨다. 예수께서는 또다시 선지자의 말을 인용하시어 "이 백성이 입술로는 나를 존경하되 마음으로는 내게서 멀도다." 하시었는데 즉, 그들은 마음 없는 입술의 신앙이었던 것을 지적하시었다.

　그런가 하면 그들은 마치 우리나라 교회에서 누구누구의

학설을 예수의 교훈보다 더욱 크게 여기어 들고 나오는 일들처럼, 그들은 "사람의 계명으로 교훈을 삼아 가르치니 나를 헛되이 경배하는 도다. 너희가 하나님의 계명을 버리고 사람의 유전을 지키느니라"(막 7:6-8)라고 지적하시었다. 바울도 중심으로 유대인 되지 아니하고, 외모로 유대인인 것을 규탄하였다(롬 3:26-28).

이와 같이 그들의 종교는 마음으로 하지 아니한 것이었다. 그들에게는 성전이 있고, 율법이 있었고, 종교회의가 있었다. 그랬지만 국가도, 민족도 망하였다. 무슨 까닭이었을까? 마음으로서의 신앙이 아니었기 때문이었을 것이다.

바울도 그들의 열심은 인정하면서도 진리로 말미암음이 아니라 종파심이었고, 혹은 자기의 의를 세우려는 것, 또는 장로들의 유전에 충실해지려는 그야말로 무지가 낳은 열심이었을 것을 탄식하셨다(롬 10:2).

오늘 우리의 교계에서도 교세 확장 주의나 자기의 성스러움을 나타내려는 신비의 경험이나 신앙을 이용하여 복리적 야망을 성취하려는 등등의 정신에서 열심을 가지는 것과 유사한 것이다.

마음으로 믿는다는 것은 진실한 마음으로 진리를 추구하는 것이며 충성스러운 마음으로 주님을 사랑하는 것이 될 것이다. 형식적이 아니라 영적으로 마음먹고, 말씀에 나아가 몸을 던져드리는 일일 것이다. 이러한 마음을 축복받는 자는 실로 행복 자일 것이다.

3) 예수의 마음으로 마음 삼는 마음(빌 3:5)

사람들은 대체로 속과 겉이 다른 생활을 한다. 입으로는 동편을 말하지만, 마음으로는 서편을 생각하고 있다. 말을 들어서는 그들의 속을 알 수 없는 이중인격자다. 그러나 예수께서는 그렇지 아니하셔서 언제나 마음으로 사시었다.

지금까지의 인류 역사 중에 참사람이라고는 단 한 사람뿐이었으니, 그는 곧 예수 그리스도시다. 그 외에는 이루 다 헤아릴 수 없이 수많은 사람이 왔다가 가기는 하였지만 모두 참사람이 아니라 변질될 사람들이었다. 순수한 애정도, 공의심도, 선량한 품성도 전적으로 이기적으로 변질되었다고 볼 것이다.

그런데 이러한 변질된 인간들이 참사람이 되려면 예수의 마음을 받아서 환원되지 않아서는 안 될 것이다. 갖은 수단과 방법을 가리지 아니하고 공작을 해 세력가도 되고, 재벌가도 되어 그것을 영광으로 생각하지만 올바른 사람 노릇하지 못한 것은 조금도 부끄럽게 여기지 아니한다. 그리스도 교회의 교의에 대하여서는 정통하여 이단을 적발하여 내기도 하며, 루터나 칼빈이나 웨슬리 주의에 충실하지만, 약소한 자들과 고독한 자들을 동정하여 줄 마음은 조금도 없다. 불쌍한 과부와 고아의 설움을 위로하여 줄 아량은 없는 자들이 얼마든지 있을 것이다.

예수 그리스도는 외양으로나 형식이 아니라 마음으로 사셨다. 죄인의 친구가 되셨고, 약한 자, 불행한 자들의 동정 자가 되시었고, 원수까지라도 그들이 행복하여지기 위하여 마음을 쓰시었고, 하나님에게는 절대복종 자가 되셨다. 그 마음으로 마침내 십자가에까지 달리셨다. 이같이 저는 마음으로 사랑하셨고, 마음으로 기뻐하셨고, 마음으로 슬퍼하셨고, 마음으로 노하셨고, 마음으로 용서하셨고, 마음으로 동정하셨다. 우리는 이 같은 복잡한 세상에서 자기 살기도 다급한 생활을 하고 있기에 남에게까지 생각이 미쳐갈 정신적 여유가 없을 것은 사실이다. 그러나 이러한 중에서도 예수의 마음으로 마음을 삼는 축복을 받아 미미할지언정, 그 마음으로 사는 자는 얼마나 아름다운 생일까?

이상에서 말한 행복스러운 심령은 나 자신이 결심하여 가지라는 말은 아니다. 그렇게는 될 수 없을 것이다. 성령으로 말미암아 축복받아서 가능할 것을 말한 것이다. 사람은 선한 환경에서 선한 마음을 얻는다고 하는 것이 일반적인 생각이다.

그러기 때문에 선한 환경을 만나지 못한 것을 탄식한다. 그러나 그리스도교에서는 환경을 의존하지 아니한다. 어떤 환경에서도 하나님의 축복을 기대하는 것이다. 일반인들이 생각하는 것은 외부에서부터 점점 속마음이 갖춰지는 줄로 알고 있지만, 신앙의 세계에서는 속이 겉이 되는 것을 특징으로 하고 있다.

기독자들은 이 죄악의 땅에서 심령 상 축복을 사모하면서 기원하여 간다. 그래서 은혜받은 결과는 자기의 어떤 행복에 그치는 것이 아니라 성경에 말한 대로 즉, "너희는 내 백성이 되고 나는 너희 하나님이 되리라"(본문 28절 참조)라는 말씀대로 하나님관의 관계가 호전되고, 하나님이 기뻐하시고, 영광되는데 나아가게 된다.

26

예수 십자가에서 보이는 하나님

(수난절 설교)

본문: 이사야 53:1-12

성자 예수 그리스도께서는 인류의 죄를 대신 지시고 십자가에 못 박혀 돌아가셨다. 교회에서 이 일을 기념하는 것이 수난절이다. 그런데 예수께서 그같이 돌아가신 것은 하나님께서 그같이 하신 것이다(10절 참조). 독생자로 거기에까지 이르게 하신 하나님을 알게 된다. 여기에서 하나님의 속성이 그대로 보인다.

1) 하나님의 거룩하심이 보임

거룩함이란 것은 속된 것이 아니며, 거기에서 초월하신

것이며, 성별 됨을 의미함이니 곧, 그에게는 불의와 불결한 것을 인용치 아니하시는 의로우신 성격이 있음을 말하는 것이다. 이것이 그의 특성이며, 동시에 그리스도의 특점(特點: 다른 것들과 특별하게 구별되는 점)이다. 이 세상에 소위 종교치고 죄에 대하여 경계하지 않은 것은 없다. 그러나 거기에 대하여 그다지 심각하게 취급하지 아니하는 것 같다.

가령 불교에서 자비를 말한 것은 좋으나 죄에 대한 철저한 회개를 가르친 것은 없다. 그래서 거기에 속하여 있는 영혼들은 죄에서 떠나 중생하는 일이 있는 것 같지 않다. 유교에서도 인을 말하는 것은 훌륭한 점이다. 그러나 죄에 대하여서는 심각하게 취급하지 아니하였다. 그러면 그리스도교는 어떠한가. 그리스도교에서도 하나님이 불러 쓰시는 바가 아니고 자발적으로 전도자 된 자와 또 소위 그리스도인들, 그리고 타락한 신자들은 생명, 생명이라 말은 하고 있지만 죄에 대하여 그다지 심각한 가르침은 하지 아니한다. 성서에서는 이러한 자를 향해 통렬하게 책망하였다. "그들이 내 딸 내 백성의 상처를 심상히 고쳐주고 말하기를 평강하다, 평강하다 하나 평강이 없도다"(렘 8:11) 하였다.

타락한 인간들에게는 신령한 생명이 끊어졌고 양심이 마

비되어 있으므로 남의 죄 할 것 없이 평범하게 여기고 심상히 여긴다.

　소위 성직자라는 사람들도 불교를 믿어도, 유교를 믿어도, 구원 얻기는 일반이라는 말 하기를 주저 없이 한다. 그것은 무한히도 관대한 듯하지만, 하나님의 거룩하심 앞에서 생각할 때, 확실히 배도적이어서 멸망으로 나아가려는 영혼의 발걸음 소리이다. 성령 없는 증거이다(요 16:8 참조).

　그러나 하나님은 본성이 무한 거룩하시어서 불의와 죄악을 용납하지 아니하시는 것을 어찌하랴. 그의 성격이 그렇게 되었던 것이다. 우선 독생자이신 예수 그리스도에게 하신 일을 보라. 이것은 사람의 생각으로 상상치도 못할 일이다. 그 얼마나 죄를 미워 하시는가를 여기에서 보아도 알만한 일이다. 온 세상 인류의 죄를 대신 지고 나오신 죄인 아닌 죄인에게 대한 처지를 보아도 알 것이니 어느 때에는 "이는 내 사랑하는 아들이요 내 기뻐하는 자라"고 하시든 이인데 그가 자기의 죄도 아닌 남의 죄를 대신 지고 일단 죄인으로 그 앞에 서게 될 때 이 잔을 내게서 지나가게 하소서 하는 피땀 흘린 기도도 물리치시고 십자가상에 버려 두어 돌아가게 하시었다. 그리스도의 십자가는 이제 와서 보면 하나님의 거룩하신 의에 대한 계시이다.

사람들의 범한 모든 죄, 하나님께 대한 반항 곧, 우상숭배, 살인, 음행, 탐욕 또 그외 무슨 죄이든지 결국 인간들이 가지고 있는 그 추악성, 그나마도 "내가 죄악 중에 출생하였음이여 모친이 죄 중에 나를 잉태하였다."라고 하는 인생에 골수에까지 먹어 들어온 심각한 죄, "의인은 없나니 하나도 없다"라는 인류 세계에 범람한 보편성 있는 죄, 이 모든 것에 대한 하나님의 미워하심이요, 분노하심을 그에게 쏟은 것이 되었다. 그러나 인간들은 자기의 악하다는 것을 알지 못하고 있다. 십자가는 인류들이 자기 악이 어떠하다는 것을 알아보는 거울이 되는 동시에 하나님의 절대적인 거룩하신 의의 계시가 되는 것이다.

예수 그리스도께서 십자가를 지시고 끌려 골고다로 나아가는 도중에 가슴을 치고 슬피 울며 따르는 여자들의 큰 무리에게 "예루살렘 딸들아 나를 위하여 울지 말고 너와 너희 자녀를 위하여 울라…… 푸른 나무에도 이같이 하거든 마른나무에는 어떻게 하리요" 하신 말씀을 기억할 것이다. 죄인 아닌 그에게도 이같이 하신 것을 생각해 보라. 이같이 거룩하신 분노의 하나님 앞에서 마지막 심판받을 것을 생각하라. 벌써 이 일이 있을 때 회개하고 용서받기만 같지 못할 것이다. 이것이 자기를 사랑하는 자의 현명한 일이리라(눅14:31-33).

2) 하나님의 사랑이 보임

 동양 사람들은 하나님을 이치라 하였고, 희랍인들은 하나님을 지식으로 말하였고, 이스라엘 사람들은 하나님을 거룩함이라 하였다. 그러나 예수님은 사랑이라 하였다. 하나님은 이치나 지식에만 그치지 아니하고 그 이상이시며, 하나님은 거룩하시어서 한갓 불의를 미워하시고 악에 대하여 분노를 품으시는 데에만 그치지 아니 하시고, 도리어 악한 자를 사랑하시어 은혜 베푸시는 하나님이시다. 위에 말한바 십자가는 의의 계시라 하였지만 그것만 아니라 십자가는 독생자를 희생하시면서 죄인들을 위하여 구원의 길을 마련하신 것이다.

 대적하는 자, 반항하는 자, 불의한 자들로 사는 데에 이르게 하신 것이 예수의 십자가이다. 여기에서는 하나님 사랑의 행위가 보이는 장면이다. 말씀하시기를 "나 주 여호와가 말하노라. 죽은 자의 죽는 것을 내가 기뻐하지 아니하니"(겔 18:32)라고 하셨다.

 하나님은 비록 자기의 죗값으로 죽는 자도 차마 보지 못하시는 것이다. 우리 가정에서도 사랑하는 자녀들이 중병으로 앓아누워있을 때 부모 입장에서는 차라리 자기가 앓는 것이 나을 것으로 생각하는 것이다. 이러한 의미에서 하나님은 진실로 죄로 죽은 자를 대신하여 독생자로 희생하신 것이다. 여기에서 하나님의 특성인 사랑의 행위가 보인다.

우리가 그리스도를 믿어 소득이랄 것이 무엇이냐. 도리어 세상에서 멸시받고, 가족들에게 버림받고, 사회에서 냉대받는 것뿐이다. 그러나 우리가 그리스도의 십자가를 믿음으로 말미암아 하나님의 사랑에 대하여 몇 부분이라도 얻어 알 수 있게 된 것이다.

이 우주의 중심이 하나님이라면 하나님의 중심은 사랑이다. 우리가 십자가에서 하나님의 사랑을 깨달은 것은 곧 우주의 중심을 엿보았다 할 것이다. 우리는 십자가를 통하여 우주 만유의 정신 몇 부분이라도 부딪치게 되었다.

우주 생명의 비의(秘義: 쉽게 드러나지 않는 은밀한 뜻)를 붙잡는 자들이 되었다. 하나님의 영원한 생명이 우리에게 주어지는 바 되었다. 하나님은 곧 사랑이다. 우리는 하나님의 사랑에 부딪혀서 하나님이란 어떤 분인가를 알게 되었다.

하나님은 이론으로 설명하여 알게 할 분은 아니다. 사색에서 얻어지는 것도 아니다. 그의 사랑에 부딪혀서 우리는 우주 생명의 원동력을 받은 자 되었다. 이 사랑에 부딪혀서 우리는 영원한 생명인 영적 생명에 대하여 방해하고 지장을 주는 세력이 나에게서 소멸하여지는 것을 보게 되리라. 이 사랑에 부딪혀서 우리는 인생의 무거운 짐이 가볍게 되고,

고난의 쓴 잔도 달게 받을 만큼 된다. 죽음도 삶으로 만들어지고, 고난도 찬송으로 만들어진다. 예수의 십자가를 통하여 우리도 위대하신 하나님의 은혜를 받게 된다.

우리는 인류의 역사를 펼쳐서 흥망성쇠, 파란곡절(波瀾曲折: 생활이나 일의 진행에서 일어나는 많은 어려움과 변화)을 헤치고 빠져나가는 하나님의 인과법칙율의 정확성이 보인다. 또 자연계에 눈을 돌릴 때는 하나님의 위대하신 신성이 보인다. 그러나 그리스도의 십자가를 통하여서는 외적이 아니라 하나님의 내면이 보인다. 죄에 대하여서는 절대 거룩하신 분이요, 죄인에 대해서는 절대 사랑인 하나님이시다. 인간들은 예수 그리스도의 십자가 은혜를 받아서 비로소 받을 바 최고의 은혜를 받는 것이 될 것이다.

27

남은 떡 조각

죽음 이상의 죄악

사람들은 세상에서 제일 무서운 것이 죽음이라고 알고 있다. 죽음은 과연 무서운 재앙이다. 그러나 죽는 것은 가장 무서운 것은 아니다. 그보다 더욱 무서운 것이 있다. 그것이 무엇일까?

1. 하나님을 버리고 세속 사람이 되는 일.
2. 자기 악을 악으로 알지 못하는 일.
3. 이권을 통하여 진리를 막는 일.
4. 불의에 참여하고 가담하는 일.

이것은 곧 재앙이다. 이것들은 모두 죽음 이상의 재앙이다. 주님은 부탁하시기를 "몸은 죽여도 영혼을 능히 죽이지 못하는 자를 두려워하지 말고 오직 몸과 영혼을 지옥에

멸하는 자를 두려워하라"(마 10:28) 하셨다.

진실로 경건한 자들은 이러한 재앙이 임하지 않도록 기도할 일이다.

■ 평화로운 생애

사람들의 고심은 어디서 오나. 대체로 그 야심, 또는 욕심에서 오게 되는 것이다. 자기의 욕심으로 자기를 찌른다(딤전 6:10). 남에게 속기도 하고, 유혹에 고꾸라지기도 한다. "악인에게는 평강이 없다", "평강의 길을 알지 못한다"라고 성서는 말하였다. 그러면 평강의 길이 엄연히 있다는 것이다.

1. 사람에게 칭찬받으려 아니 하고, 하나님에게만 칭찬 받으려는 생애.
2. 오감(五感: 시각, 청각, 후각, 미각, 촉각의 다섯 가지 감각)을 만족시키고, 오감으로 오는 세상적인 격려를 받지 아니하고, 영에게 격려받으려는 생애.
3. 땅에 살지만 하늘에 있는 듯이 청정하고 평화로운 생애.
4. 육을 쓰고 있지만 그것을 벗은 영인 듯 활동하는 생애.

■ 하나님과 악마

사람은 본래 하나님의 아들이 아니요, 그렇다고 마귀의 자식도 아니다. 다만 죄인으로 출생한 것뿐이다. 하나님의 아들이라고 따로 정하여져 있는 것도 아니요, 또 마귀의 자식이라고 따로 있는 것도 아니다. 하나님께로 다시 나면 하나님의 아들이 되는 것이요. 마귀를 따르면 마귀의 아들이 되는 것이다. 보통 평범한 인간들로는 하나님과 마귀를 잘 구별하지 못한다. 다만 그 일로 보아 알게 되는 것이니,

1. 마귀는 선한 사업에 대하여 방해하고 좌절하되, 하나님은 이것을 세우고 도우신다.
2. 마귀는 악을 찾기를 힘쓰되, 하나님은 선을 보시기를 영민(靈敏: 반응이 빠르고, 육감이 예민함)하게 하신다.
3. 마귀는 악을 토하며 공의를 몰아내려 하되, 하나님은 선을 살리시며 악을 제하신다.
4. 마귀는 적은 악이라도 키워 크게 하려 하되, 하나님은 적은 선도 키워 큰 선이 되게 하신다.
5. 마귀는 사욕의 길(곧 자기본위)로 다니되, 하나님은 공의의 길로 행하신다.

옛사람이 말하기를 날아가는 까마귀의 암수를 누가 알리요, 저마다 자기는 거룩하다 하니까 하였다. 그러나 까마귀 자신은 자기가 암인지, 수인지 알 것이다. 이와 마찬가지로 깊이 기도하는 사람은 자기가 마귀의 자식인지, 하나님의 아들인지 알 수 있을 것이다.

28

하나님만을 하나님으로 하여라.

본문: 출애굽기 20:2~3

1) 나 외에 다른 신을 네게 두지 말라

　위 말은 달리 말하면 하나님만을 하나님으로 하라는 것이니 사람으로 하여금 정결케, 또 순수케 하는 계명이 되었다. 우리에게는 너무나 숭고한 진리가 되었으니, 물이 너무 맑아도 고기는 잘 모이지 아니하는 것처럼, 진리가 숭고하면 숭고할수록 사람들은 흥미를 느끼지 않고 도리어 곁길로 나가기를 좋아한다. 이스라엘이 금송아지를 신을 삼듯이 가나안 사람들은 바알로 신을 삼았고, 베니게 사람들은 몰록으로 신을 삼기도 하였다.
　근대에 와서 소련은 공산주의가 신이 되었고, 일본은 민족지상주의가 신이 되었고, 독일에서는 국가지상주의가 신이 되었다. 이제 한국인들에게서 도드라지는 점을 말하자면 금전으로 하나님을 삼고 있다. 이것은 세계 인류의 공통이라 할 수 있지만, 한국인들에게는 더욱 그러한 듯이 보인다. 그렇지 아니하여도 금전은 원래 예로부터 종교적 성격을 갖고 있다.

이것은 다른 지방에서 된 일이지만, '머니'라는 말은 라틴어의 '모니타'에서 온 말이다. '모니타'는 유노 사원의 명칭이다. 로마인들이 이 사원에서 금전을 주조하였다. 로마의 신 유노는 인류에게 재산 분배를 감독하는 신으로 숭배하였다는데 '머니'는 역시 종교적인 의미와 관련되어 있으며, 역사 이전에도 사람들이 쇠붙이를 행복의 보증으로 알아 몸에 지니고 다녔으니 신적인 표징으로 생각하였다.

현대인들도 금전은 어떤 신적인 것으로 생각하고 있고, 또 자기의 운명이 여기에 달린 듯이 생각한다. 바울은 이러한 탐심(貪心: 무엇을 더 많이 가지거나 차지하고 싶은 마음)을 우상숭배라 하였다(골 3:5).

예수께서도 하나님과 재물을 겸하여 섬기지 못한다고 하셨다. 재물이란 말은 아라비아 말로 맘몬이니 재물의 신을 말한다. 아무튼 자기의 운명이 금전에 달린 듯이 생각하여 돈을 사랑하고 있다.

하나님은 없어도 살 수 있으되, 돈이 없이는 못 사는 듯이 생각하며, 자기의 행복과 불행을 여기서 판가름하려 한다. 과연 금전, 그것은 하나님 이외의 하나님으로 여기는 큰 관습을 갖고 있다. 예수님 앞에 와서 영생의 문제로 가르침을 받던 부자 청년이 하나님, 곧 예수님 앞에 있으면서도, 도리어 하나님을 버리고 재물을 버리지 못하였으니, 그에게는 재물이 하나님 이상의 신이 되었다. 사람들은 금전, 그것이 우상이라는 의식이 없으면서도 언제인지 거기에 대하여 우상숭배가 된 것이다.

2) 자기가 신이 되었다.

　이는 근대주의자들이 말하는 것처럼, 인간은 신과 연속성이 있다는 의미에서 신이 되었다는 것이 아니고, 또 천도교에서 주장하는 인내천이라는 의미에서 신이 되었다는 것이 아니라 자기가 신이 되었다는 것이다. 모두가 자기본위라는 말이다. 신앙이라는 그것도 자기본위라는 것이다. 신을 위하는 것이 아니라 신을 위하는듯하지만 실은 자기본위라는 것이다.

　원시시대의 사냥꾼들이 자기에게 필요하니까 신을 만들어 짐승을 많이 잡게 하여 주기를 기원하고, 자기의 기원대로 성취하여 주면 감사하고, 그렇지 아니하거나 또 신이 불필요하다 느껴지면 폐하기도 한다. 자기가 주장이다. 자기가 근본이다. 신이 높으냐, 자기가 높으냐, 아무래도 자기는 신 이상인 자이다. 자기의 행복을 위하여서는 신을 이용하고 사환으로 부리는 격이다.

지금의 그리스도인들도 이와 같은 식이다. 자기가 필요하니까 신을 믿기로 하고, 힘을 내어 열심히 봉사하지만, 필요치 않게 느껴질 때는 신앙도, 교회도, 신도, 멀리한다.

자기가 주격이요, 자기가 본위이다.

신이 신이 아니라 자기가 신이다.

신 때문이 아니라 자기 때문이다. 신앙의 중심, 종교의 중심은 자기이다.

사람은 무엇으로 이러한 신이 되었느냐? 자기 본능의 욕구로 말미암아 신이 되었다. 비열한 본능, 그것이 신이 되게 한 것이다. 그 본능은 무엇일지, 동물적 그것이다. 이 본능을 만족하기 위하여서는 신을 믿기도 하고, 안 믿기도 한다. 어디까지나 자기본위에서 신 이상인 자가 된 것이다.

3) 하나님만을 하나님으로 하여라.

사람들은 흔히 자기의 이상을 표면화하여 하나님으로 생각한다. 또는 자기의 어떤 욕구에서 하나님을 그려내기도 한다. 그럴 뿐만 아니라 그는 우리를 초월하여 계신 엄연한 타자(他者: 자기 외의 다른 사람)이다. 그렇다고 우리가 가지고 있는 척도로 재단하여 알아내어지는 것도 아니고, 자기를 보여 주심에서만 우리가 알 수 있게 되는 분이다. 이것이 하나님의 자기 계시(啓示: 사람의 지혜로는 알 수 없는 진리를 신이 깨우쳐 알게 함, 감추인 것을 드러내 알려 주심)이다.

사람들이 원한다고 있는 것도 아니요, 원치 아니한다고 폐하여지는 분도 아니다. 사람과는 별개로 독자적으로 자존(自存: 스스로 계신 분)하신 분이다. 천지를 창조하신 하나님, 즉 거룩하신 하나님이시다. 영원한 섭리로써 인류를 인도하시는 하나님이시다. 옛적에도 계셨고, 지금도 계시고, 영원히 계셔 영생하시는 하나님이시다.

공의를 세우기 위하여서는 세상을 심판하시고, 진리를 살리기 위하여서는 인류의 역사를 뒤집어 놓으시는 분이 하나님이시다. 저를 나의 임금으로, 나의 주님으로, 내 유일한 존중의 대상, 사랑의 대상으로 모셔야 할 것이다. 하나님이 이런 분이심을 아는 이상, 그때의 우리는 철저한 공경과 섬김과 신뢰를 저에게 드리는 이외에는 다른 방법을 알지 못한다. 그가 하시는 일이 내 마음에 맞고 안 맞고 할 것 없이 전적으로 선이요, 전적으로 사랑이라고 믿으며, 다른 것을 알지 못한다.

하나님만을 하나님으로 알고 섬기는 자에게 가장 큰 기원은 이제는 자기가 구원받는 것, 행복한 것, 그런 것이 아니라 자기를 남김없이 그에게 드리는 일이다. 목표는 자기가 아니라 하나님이다. 하나님 중심, 하나님 본위이다.

그 거룩하신 이름 때문이라면 어떠한 괴로움도 좋고, 거룩한 영광이 된다면 죽음이라도 아끼지 아니하는 것이다. 어떻게 하여야 하나님을 기쁘시게 할까, 그 거룩한 뜻대로 따를까, 내 건강, 내 소유, 내 사랑, 이외 내게 귀하게 여기는 것 일체를 잃어버리는 일이 설혹 있다 할지라도 달게 여기며, 봉사하는 일들, 이것이 하나님만을 하나님으로 섬기는 것이 될 것이다.

사람들은 무지하다. 특히 하나님에 대해 그러하다. "저희 총명이 어두워지고 저희 가운데 있는 무지함과 저희 마음이 굳어짐으로 말미암아 하나님의 생명에서 떠나 있다"라고 성서는 말하고 있다.

그러나 진리가 오면 우리는 변하여진다. 아론의 금송아지는 그 당시에 있어서는 그 이상 없는 인기였고, 찬양의 대상자이었더니 이제는 그것을 신으로 하는 자는 아마도 없을 것이다.

그 외에도 무슨 주의, 무슨 사상, 무릇 어떠한 것이든지 진리가 오게 되면 변하여지고 만다. 하나님만을 하나님으로 섬기는 진리가 이루어지게 되면 그 영혼은 무지에서 해방되어 바르고 밝음으로 순화될 것이다.

29

故 김성실 목사 유해 영결식에서

본문: 디모데후서 4:1~8

우리는 그토록 은혜를 베푸신 고 김목사의 신령한 아버지 하나님, 그리고 피를 흘려 저를 구속하신 예수 그리스도, 저의 구주께 존귀와 찬송을 돌리는 바입니다.

유가족을 비롯하여 평소에 저를 사랑하던 자들이 유해를 앞에 놓고 둘러앉아서 마지막으로 다시 한번 저를 생각하고 보내려는 것입니다. 이제 읽은 성구는 저에게 가장 부합된 말씀으로 생각되는 바이니,

1) 저는 선한 싸움을 싸운 자입니다.

누가 한 말인지는 몰라도 신앙생활에는 안락(安樂: 근심,

걱정이 없이 몸과 마음이 평안하고 즐거움)이 있다고 하는 말이 돌고 있습니다. 그러나 나는 그럴 수 없다고 생각됩니다. 왜냐하면 신앙생활, 그것은 어떤 점에서나 싸움의 생활이 니만치 즉, 자기와 싸워야 하고, 환경과 싸워야 하고, 불의의 세력과 싸워야 하는 것이기 때문에 안락이라는 것은 있을 수 없습니다.

안정과 평화로운 생활은 될지언정, 안일한 생활은 생각할 수 없습니다. 그래서 고 김 목사는 내적으로는 언제나 평화로웠습니다. 그런 반면 안락, 그것을 도외시하는 진리를 위한 격전의 생활이었습니다. 그 예를 몇 가지 생각한다면, 저는 극히 좁은 문, 험한 길을 걸어온 생활이었습니다. 20세 약관에 명예로운 수원농고를 우수한 성적으로 졸업하고 나니(과거 국무총리 장면 박사와 동기) 각처에서 후한 대우를 조건으로 하면서 청빙의 교섭이 몰려왔더랍니다. 저의 앞에는 출세의 길이 바야흐로 넓게 열렸을 좋은 때이었습니다. 그러나 저는 부귀나 호화로운 생활, 거기에는 뜻이 없었기 때문에 그 모든 것을 사절하고 기어코 가난한 목수의 아들 예수를 따라 그의 몸과 생애, 그의 학문을 전적으로 바쳐 그의 종으로서 전도자 된 그 한길로 일생을 마치었습니다. 저는 평소 육이니, 영이니 하는 말을 사용하기를 좋아하였습니다. 그래서 육, 그것과는 기어코 싸웠고, 또 성령을 힘입어 승리하였습니다. 저와 함께 일하면서 볼일이지만 그에게는 "자기"라는 그 정신을 가지고 있는 것을 발견치 못하였습니다. 그리스도를 옷 입듯이 하고 살아온 선한 싸움을 힘써 싸워온 사람입니다.

2) 저는 믿음을 잘 지켰습니다.

믿음이라는 것은 하나님께 돌아오는 것, 의지하는 것이요, 그리스도에 대한 존경이나 숭배가 아니라 그리스도를 주님으로 받아 그를 사랑하고 섬기는 일이니, 저는 끝내 이러한 생활로서 시작하고 끝마쳤습니다. 저가 일정 말기에 교회에 대한 박해의 손길을 피하면서 큰 꿈을 가지고 여러 신앙 동지들을 규합하고 모든 사재를 다 털어 강원도에 들어가 이상촌을 건설하는 큰 사업을 착수한 일이 있었는데, 그러나 중도에서 실패하게 되었고, 투입한 자금은 그대로 손실을 보게 되더랍니다. 후에 저는 고백하기를 하나님의 뜻이 아니라서 실패되었으며, 사업보다 신앙에 실패가 올 것 같아서 단호히 돌아섰다고 하였습니다. 실패의 자리, 신앙의 위기라 할만한 그때도 저는 신앙을 지켰습니다. 그 외에도 저에게 있어 신앙의 신실성이 침해를 입을 만한 일에 봉착하게 될 때는 생활상 어떤 위협이 오게 될 것을 알면서도 단연코 돌아서는 일들이 한두 번이 아니었습니다.

3) 예비하신 면류관을 받을 자입니다.

우리의 앞에 남아있는 유해는 저의 육체, 곧 저의 벗어 놓고 간 장막입니다. 저는 이 몸을 이끌고 육로, 수로, 산과 들을 두루 다니면서 복음을 전파하였습니다.

칠십 평생을 두고 저의 발, 저의 입, 저의 손은 그대로 신령한 병기였습니다. 사업이 성공되면 교만하여지기 쉽지만, 믿음은 얻을수록 겸손하여지는 것이며, 사업은 사람들에게 환영받을 것이지만, 믿음과 순종은 하나님을 기쁘시게 합니다.

하나님께서 그 기뻐하는 자에게 주시는 최고의 은사는 곧 생명의 면류관입니다. 바울의 말 한바 "내가 선한 싸움을 싸우고 나의 달려갈 길을 마치고 믿음을 지켰으니 이제 후로는 나를 위하여 의의 면류관을 예비하였으므로 주 곧 의로우신 재판장이 그날에 내게 주실 것이니 내게만 아니라 주의 나타나심을 사모하는 모든 자에게니라" 한 그대로, "죽도록 충성하라 그리하면 내가 생명의 면류관을 주리라" 하신 그대로, 면류관을 하사하신 것으로 확신합니다.

저가 이제 부르심을 입어 세상을 떠나간 것은 면류관 대

관식을 받으러 간 것인 줄로 믿습니다. 저의 생애는 이같이 좋은 길로 시작하여 광명한 천국으로 끝을 이루었으며, 십자가를 지는 일로 시작하여, 영광의 면류관으로 종국되었습니다.

삼천리강산에는 바야흐로 가을을 만나 쌀쌀한 찬바람이 불고 있습니다. 그러나 저는 평화와 영광의 하나님 나라에서 온화한 봄빛을 쪼이면서 영세토록 자기의 주님을 모실 것입니다.

바라건대 그리스도의 구속하신 은혜가 영원히 저에게 덮어지실 것을 분명히 믿습니다.

30

하나님의 교회란?

하나님의 교회는 그 명칭을 성서에 보인 대로 한 것이다 (고전 1:2; 10:32, 딤전 3:15, 그 외). 그러나 이것은 기계적으로 성서 인용만이 아니라 아래와 같은 신앙적 의미가 있는 것을 말하려는 것이다.

1) 하나님의 교회는 문자 그대로 하나님의 교회인 것

이 땅 위에 있는 모든 교회는 저마다 자체에서 가장 적절하다고 생각하는 대로 그 이름을 정하였을 것이다. 그리하여 자기 교회의 정체성을 표방하여 이름 하기도 하고, 혹은 교회 행정이나 의식, 그것을 특색으로 하여 이름 하기도 하고, 혹은 교회 이념을 내세워 이름하기도 하고, 혹은 교리 신조에 중점을 두어 이름하기도 하고, 혹은 교회에 중요 인물을 따라서 이름하기도 하였다.

그래서 한국에서만 장로교회, 감리교회, 침례교회, 성결교회, 구세군, 순복음교회, 루터교회 등, 그리고 그 외에도 여러 교회가 있는 줄 안다.

"이름은 실상을 나타내는 것이라"라는 말을 전제로 하여 생각한다면 이 모든 교회는 그 자체의 훌륭한 특색, 혹은 그 내용, 그것을 명칭에 빌려서 인상 깊게 표현한 것이라 볼 것이다. 이러한 의미에서 생각해 볼 때에 하나님의 교회라 하면 특별히 설명치 않더라도 생각 있는 분들로는 이름만 가지고도 하나님 그의 교회의 내용을 잘 짐작할 것으로 믿어진다.

하나님의 교회는 명칭 그대로 하나님의 교회인 것이다. 다시 말하자면 하나님의 교회 내용은 하나님이라는 말이 된다. 특색을 말하자면 한마디로 하나님의 교회라고 대답할 것이다.

2) 하나님이 주관하시는 까닭에 하나님의 교회인 것

교회는 어떻게 성립되느냐 하면 특히 독생자의 십자가 속죄(행 20:28 히 9:12)와 성령 강림(행 2:4; 엡 2:22)하심으로 되는 것이다.

그러나 교회 성립에 가장 근본적인 동기, 또 주체자는 하나님이시다(엡 1:4, 딤후 1:9). 하나님의 본질적인 사랑에서 보실 때에는 죄 중에 있는 인류를 그대로 버리실 수 없어 예수 그리스도를 통하여 속량하시고 자녀로 받아(롬 8:16-17), 서로 모여 위로하고 지극한 사랑을 피차에 나누게 하시며, 늘 함께 하시면서 말씀하시고, 그들의 정신에 늘 살아계시며, 생명의 기쁨을 일으켜 주시며, 기도하시며, 한편으로는 그리스도 안에서 그들의 정성과 봉사하는 마음으로 드리는 예배를 기뻐 받으시어, 아버지와 자녀들이 이러한 거룩하고 진지한 사귐이 이루어지게 하신 것인데, 이것이 성립된 곳이면 두세 명이 모여도 거기는 벌써 교회인 것이다. 교회는 이같이 하나님의 사랑이 주관하시는데 속한 것이다. 그러면 이 교회를 무엇이라 이름할 것인가?

하나님의 자녀들이 마지막으로 가서 여생의 축복을 누리는 세계를 하나님이 주관하시는데 속한다. 하여서 이것을 "하나님의 나라"라고 이름하였다는 것은 사실인데, 그럴 바에는 하나님이 주관하시는 교회는 하나님의 교회라는 것이 또한 당연하지 아니할까?

3) 거룩한 뜻을 준행하는 의미에서 하나님의 교회인 것

하나님은 유일 통치 지배자로서 우주 완성과 인류 육성에 대한 경륜이 있을 것이다. 그런데 유사 이래로 이 세상 어디에서든지 하나님의 뜻이 완전히 성취된 적은 없을 것이다. 사람들은 모두 하나님에게 거스름이었고 범함이었다.

이러한 인류에게 실망하신 하나님께서는 돌이켜 그리스도 안에 있는 당신의 자녀들 곧, 교회에서 거룩한 뜻을 이루기를 기대하신 것이다.

하나님의 뜻을 이룬다는 것은 마음에 달갑지 않게 생각될 것이다. 그러나 교회 사명에 있어 이것보다 더 필요하거나 적절한 것은 없을 것이다.

예수의 일생을 한마디 말로 하면 하나님의 뜻을 이루는 데 있어야 할 것이다.

당신님이 세상에서 오신 뜻은 "나를 보내신 이의 뜻을 행하려 함이라"라고 하셨고, 제자들을 책망하실 때도 "하나님의 일은 생각지 않고 사람의 일을 생각한다"라고 하셨고, 제자들을 교훈하실 때도 "아버지의 뜻대로 행하는 자라야 천국에 들어간다"라고 하셨고, "내 아버지의 뜻대로 행하는 자가 내 형제요 자매요 모친"이라고 하시었고, 기도하실 때도 "만일 아버지의 뜻이거든 이 잔을 나에게서 옮기시옵소서" 하시었다.

예수에게는 하나님의 뜻을 바라는 이외에는 없었다. 그 의지가 하나님의 거룩하신 뜻에 합치의 경지에 도달하여서 완성되는 것이니 이러한 의미에서 구원이라는 것도 사람의 방면에서 생각하면 완전 순종상태여서 하나님의 기뻐하시는 대상에 들어가는 것이 된다. 교회라면 하나님의 뜻이 이같이 이루어지는 곳이라 하여 하나님의 교회인 것이다.

4) 음부 권세가 이기지 못한다는 의미에서 하나님의 교회인 것

성서에 의하면 "영생은 유일하신 하나님과 그 보내신 자 예수 그리스도를 아는 것이라"(요 17:3)라고 하였다.

또 하나님이 보내신 그리스도를 믿는 신앙을 반석이라 하여서 예수께서는 "이 반석 위에 내 교회를 세우리니 음부의 권세가 이기지 못하리라" 하셨다(마 16:16~18).

예수의 세우신 교회는 그대로 곧 하나님의 교회이다. 참 하나님을 알고 그 보내신 예수 그리스도를 믿는 신앙 그것을 반석이라 할 것은 틀림없는데 그러나 좀 더 근본적 의미에서 말한다면 하나님이 보내신 성자 예수야말로 교회의 터 이시다(고전 3:11). 예수 그리스도를 터로 하고, 또 미래로 한(엡 4:15) 하나님의 교회는 음부의 권세가 이기지 못한다는 것이다.

이것은 중대한 진리이다. 인간들의 지식을 터로 한 교회는 세상의 권세로, 혹은 인간적 사랑과 어떤 욕망을 기초로 한 교회로, 훌륭한 듯이 보이지만, 때가 오니 음부의 권세 앞에서 흔들리지 않을 수 없어 마침내 운명을 면치 못할 것이다. 거기와 비교하면 생명의 본체이시오, 무한한 능력자시오, 사랑, 그 자체인 하나님 안에 있는 교회는 "만물 안에 만물을 충만케 하시는 자의 충만"하심이 있는 것이다(엡 1:19-23). 죽음과 멸망으로 오는 어떠한 강력한 음부의 권세라도 여기에는 어찌할 수 없을 것을 말씀하신 것이다.

여기서는 은혜의 생명이 의로 말미암아 왕 노릇을 하는 까닭이다(롬 5:21). 이러한 의미에서 하나님의 교회인 것이다.

5) 초교파적으로 전 인류를 상대하여 복음 선전하는 의미에서 하나님의 교회인 것

어떤 사람들은 하나님의 교회도 하나의 교파로 보는 이도 있을 것이다. 이는 외부에서 그렇게 보는 것에 지나지 않는 것이요, 교회 자체에서는 교파라고 생각지 아니하는 것이다. 하나님이 전 세계적, 전 우주적인 하나님에게 지역의 제한이나 교파의 구별이 있을 수 없음과 같이 하나님에게 속한 교회도 초교파적이요, 초지역적일 수밖에 없다. 만일 하나의 교파에 속하게 되었다면, 거기에는 하나님 교회의 성격은 아니다. 이러한 교회로서 전 세계 인류를 상대로 하여 그리스도의 십자가 복음을 선포하고 진리를 증거하는 교회이니, 하나님이 만인의 아버지시오, 그리스도가 만민의 구주시니, 그 사랑과 은혜의 구원도 만인이 다 같이 믿어 받을 것이다. 하나님이 지으신 태양도 어느 국민이나 어느 지방 전유(專有: 오로지 혼자만 소유함)의 것이 아니니, 이와 마찬가지로 하나님의 교회도 어느 교파나 어느 장벽 안의 것은 아니다. 만인의 교회다. 누구든지 와서 하나님께 예배할 수 있고, 그리스도의 구원을 받을 수 있고, 기도할 수 있고, 찬송할 수 있고, 봉사할 수 있는 교회이다. 이러한 의미에서 하나님의 교회인 것이다. 하나님의 교회란 어떤 것인 것을 위와 같이 말하여 말씀하시기를 "무릇 내 이름으로 일컫는 자 곧 내가 내 영광을 위하여 창조한 자를 오게 하리라 그들도 내가 지었고 만들었느니라"(사 43:7).

31

훈사, 요초(瑤草)집[10]

제5회 졸업생에게

제군을 보내는 이 마당에서 그리스도의 복음 진리를 함께 선포하는 자 된 나의 기대가 새로워진다. 끈기 있게 지켜야 할 몇 가지의 말을 주는 것이니,

1) 예수 그리스도로 행복을 삼아라.

세상에서 가장 행복한 자는 어떠한 사람일까? 국가 원수에게 훈장이나 표창장을 받은 사람일까? 부귀로써 일생을 호화롭게 지내는 사람일까? 무슨 사업을 크게 하여 국민에게 존경받는 사람일까? 학, 박사의 학위를 가진 사람일까?

---

10) 한양 신학교 졸업생들에게 주는 훈사로서 요초(瑤草)라 함은 옥처럼 고운 풀에 핀 구슬처럼 아름다운 꽃을 말함인데, 졸업생들이 장차 사회와 목회 현장에서 아름다운 사역을 감당하고, 열매를 맺으라는 의미로 이해될 수 있다.

학식이 풍부한 큰 학자로서 국보라고 이름이 알려진 사람일까? 모두 아니라고 생각된다. 참된 행복 자는 예수 그리스도를 아는 사람이다(마 16:17). 곧 저를 하나님의 아들로 믿어 저로 말미암아 하나님의 영원한 생명을 얻은 자이다. 예수를 인류의 왕으로 모실 수 있는 자, 저의 십자가의 모욕을 도리어 최대의 영예라고 생각할 수 있는 자이다.

이 예수를 친구로 하는 것보다 더 나은 명예도 없고 예수를 스승으로 우러러 받드는 것보다 더 나은 명철자도 없다. 예수를 영혼의 목자로 모시는 것보다 더한 안심도 없다. 우리는 세계에서 최대 행복자가 되었다. 가장 겸손하고, 가장 온유한 나사렛 예수를 가장 큰 자로 받드는 것이다.

2) 예수를 이상으로 삼아라.

우리가 누구를 이상으로 삼아야 할까? 광야 생활에서 사십 년 동안이나 기나긴 세월을 보내면서 동족들을 구원하여 낸 모세일까, 그도 아닐 것이다. 기도하여 불과 비를 내리며 신앙의 싸움에서 대적자들을 보기 좋게 섬멸하여 민중들을 미망(迷妄: 사리에 어두워 실제로는 없는 것을 있는 것처럼 생각하고 갈피를 잡지 못한 채 헤맴)에서 건져낸 엘리야일까? 그도 아니다. 해상의 위험함과 성안의 위험함과 본국인의 위험함과 이방인의 위험함을 무릅쓰고 먹지 못하고 자지 못하고 산을 넘고 바다를 건너 나중에는 몸이 부스러지는 데까지 충성을 다하여 복음을 전했던 바울일까? 그도 아니다. 그러면 한국인들이 잘 업고 다니는 칼빈이나 웨슬리일까? 그것도 물론 아니다. 인간인 우리에게 이상이라 할 것은 오직 나사렛 예수이시다.

저는 빈곤한 중에 생장하였으면서도 무엇을 입을까, 무엇을 먹을까, 하지 아니하셨다. 또 저는 귀하신 몸이지만 노동하시기를 주저하지 아니하셨고, 저는 진리를 위하여서는 정치가들이나 종교인들에게 도리어 미움을 받으셨다. 저는 죽음에 이르기까지 대적자들을 사랑하셨고, 그들의 죄를 용서하셨다. 저는 하나님 앞에서 따로 자기라 하지 아니하고, 하나님의 뜻을 성취하시는데 충실하셨다. 이러한 생애를 보내는 것이 우리의 최대 행복이요, 최대의 영광으로 알고 이상으로 하여라.

나는 제군을 기를 때, 목사로, 전도사로 기른 것이 아니라 다만, 하나의 한 그리스도인 되도록 길렀다.

우리나라에는 목사, 전도사는 많아도 진실한 기독자는 희귀하다. 사람을 구원하여 보겠다고 달려드는 목사님들의 속이 왜 공허한 것인가, 제군은 그리스도로 속을 채워라. 그러면 남에게 참 양식을 줄 수 있을 것이다. 예수 그리스도로 생의 바탕을 삼으라. 그리하면 남을 튼튼히 세울 수 있을 것이다. 목사가 되려면 하나님이 세워주신 목사가 되어라.

■ **제7회 졸업생들에게 주는 훈사**

근래 4-5년간을 두고 함께 교내생활을 할 때는 심상하게 지냈지만 제군이 교문을 떠나는 이 마당에 아쉬운 마음이 새삼스러워져서 한두 가지 부탁을 주고자 한다. 결코 졸업식이라는 행사를 위하여서 하는 말이 아닌 줄 알아 명심하여 주기 바란다.

1) 마음은 언제나 평화로워라.

곧 절대적인 신뢰로 하나님과 조화를 가지는 것이다. 마치 해변에는 선박들이 왕래하고 풍파가 있으므로 산더미 같은 큰 파란이 일어 요란스럽지만, 그 저류에는 언제나 평온하고 안정한 것처럼 제군이 일생을 두고 헌신하여 싸우노라면 별별 일을 많이 당할 것이다. 때로 성공하였고, 득의 하였다 할 때도 있을 것이다. 그럴지라도 교만치도 말 것이요, 혹은 실패되고 실의 되었던 일이 있을지라도 낙망하지도 말 것이다. 사람들의 칭찬이나 환영에 마음을 빼앗길 것도 아니요, 또 어떤 폄론(貶論: 다른 사람을 깎아내려 헐뜯음)과 중상에도 마음이 위축될 것도 아니다. 도리어 나의 지향점이 낮아질까 두려워하고, 예수 그리스도 같지 못할까 두려워하여라. 천만인의 호감을 얻으려고 급급해할 것도 없고, 한 분 하나님의 서원과 지원을 받은 일로 만족할 것이다. 그렇게 하는 것만이 하나님과 교섭이 계속될 것이요, 조화가 유지될 것이다. 그렇게 되면 자신이 곧 천국이니 인생의 일만 가지의 진선미가 여기에서 발생하는 것이다. 다시 말하노라, 마음은 신뢰로 말미암아 언제나 평화로워라.

2) 언제나 투지를 잃지 말라.

마음을 평화롭게 가진다고 투지를 두지 않는다는 말이 아니다. 우리는 그리스도께서 선발하신 정병들이다. 그리스도의 진리를 세우기 위해서는 죄와 불의로 더불어 대결하여 싸우는 자들이다. 말하자면 싸움인즉 승리에 대한 자신만만한 싸움인 것은 예수 그리스도께서 싸우시며 벌써 이기신 싸움이다. 그러나 우리가 의지를 잃어버리게 되면 진리를 놓치게 되니 우리마저 적의 밥이 되고 만다. 현대에서 그리스도의 진리가 매몰되어 가고 교회에는 부패와 속기(俗氣: 세속의 기풍)가 만연해져 감을 보는데 결국 싸움이 철저 하지 못하였다는 것을 의미하게 된다. 그리스도의 병사들 책임이다. 기드온의 징병한 예에서 보면 개처럼 물을 핥아 먹는 자, 또 무릎을 꿇고 물을 마시는 자들은 긴장감이 이완된 자들이지만, 손으로 옮겨 물을 핥는 자는 투지가 어느 순간에도 긴장한 자들이라 보았다(삿 7:5, 6). 그래서 이들이 참전하여 승리를 얻었다.

　죄가 자기에게 있을 때 그리스도의 나라를 위하여 눈이라도 빼고, 손이라도 끊으리만큼 준엄히 싸우지 아니하면 안 된다. 속기가 나의 벗이나 가정을 통하여 들어오더래도 사정없이 싸워 막아내야 한다. 그리스도를 위하여 이같이 철저하여라. 세상을 향하여서는 단독으로라도 진을 치며, 독립적인 정신을 발휘하여 종생(終生: 목숨이 다할 때까지의 기간)토록 견디어 싸우라. 그러나 사람을 대하여는 극진히 사랑하여라. 그리스도께서 함께 하실 줄 믿고….

　혁신이나 진보의 선두에 서서 인류를 광명으로 인도한 자는 모두 이같이 마음이 평화로운 자요, 이같이 충실한 투사들이다. 하나님이 제군을 택하여 붙드신 것, 또 여기 한국에 배치하신 것은 이 일을 당당하게 하시려는 줄 알고 살아라.

■ 제8회 졸업생들에게 주는 훈사

　이 신학교를 졸업하고 교문을 나서는 여러분에게 그래도 아쉬운 마음 있어 몇 마디 말을 주고자 하노니 기억에 남겨 두시기를 바란다.

1) 그리스도의 편지라는 긍지를 가져라.

고후 3장 3절에 "너희는 우리로 말미암아 나타난 그리스도의 편지"라고 한 바울의 말이 있다. 그리스도의 편지는 먹으로 쓴 것이 아니요, 아직 살아계신 하나님의 영으로 한 것이니 편지라면 이상한 편지가 아니고 성스러운 편지이다. 즉 제군이야말로 세상에 보내는 그리스도의 산 편지이다. 그렇게 긍지를 가지라는 말이다. 제군이 지금까지 성서를 연구하였지만 자기 자신이 직접 성서가 되는 것이 더욱 좋은 일이다. 66권 성서에서는 역사적으로 살아계시는 하나님의 행동을 많은 사람들이 읽어 알았지만, 제군은 현재에 있어서 그 신앙적인 인격, 또 그 생활이 하나님 행동의 실증자가 되라는 말이다. 성서의 산 주석이 되라는 말이다. 즉 세상 사람들이 제군을 보아서 그리스도는 영원한 생명의 주이심을 읽게 하여라. 그리고 그리스도에게 죄 용서함을 받고 영생의 생명을 가진 자는 어떠하다는 것을 사람들에게 알게 하여라. 하나님의 살아계신 말씀의 좋은 증거의 표본이 되어라. 우리나라에서는 신학자도 필요하지만 이같이 살아있는 성서 된 자가 더욱 필요하다고 본다.

2) 주 예수를 사랑하는 마음이 변치 말아라.

에베소 6장 24절에 기록된 "우리 주 예수 그리스도를 변함이 없이 사랑하는 모든 자에게 은혜가 있을지어다"라고 바울은 말하였다. 어디에 있든지 무엇을 하든지 그리스도를 사랑하는 마음만큼은 변치 말아야 할 것을 말한 것이다. 속담에 인심은 조변석개(朝變夕改: 아침저녁으로 뜯어고친다는 뜻으로, 계획이나 결정 따위를 일관성이 없이 자주 바꿈을 이르는 말)란 말이 있기는 하지만 사람의 마음처럼 잘 변하는 것은 없다. 무엇을 들어도 마음이 변하고, 무엇을 보아도 마음이 변한다. 빈자가 부하여져도 마음이 변하고, 부자가 가난하여져도 변한다. 환경이 달라져도 마음이 변한다. 영으로 시작하였다가 육으로 종국(終局: 일의 마지막 판)을 하고, 그리스도를 사랑하므로 출발하였다가 마침내 자기 사랑으로 돌아선다.

키에르케고르는 말하기를 일주일에 한 번씩 마음이 변하는 자들에게 무슨 영생이 있겠느냐고 하였다. 영생은 무엇보다 은혜받은 마음이 영구불변하는 자의 소유인 것이다. 바울은 믿음을 지켰다고 했는데 어떠한 사정에서도 은혜받는 마음이 변치 아니하였다는 뜻으로 생각하게 된다.

이상과 같이 그리스도의 은혜에 근본을 가진 생명으로 세상에 발(發: 물고기가 힘차게 뛰고, 꽃이 환하게 핌)하여 빛이 되기를 간곡히 당부한다.

까닭이 있어 신앙인가?

출판일　2025년 8월 19일
지은이　안형주

발행인　이향우
편찬인　문귀병
엮은이　박요일
감수인　박종만
편　집　위원장 맹균학
　　　　위　원 강준호
　　　　　　　 서재희

펴낸곳　대한예수교장로회(합동한신)총회 / 한양신학교
등　록　2007년 5월 3일 제 2-4615호
주　소　서울 중구 필동 2가 13-5 풍전빌딩 2층
문　의　02-2268-8871

값 13000 원
ISBN 978-89-93872-71-2
Copyright ⓒ 인터웰 2025 (Printed Korea)